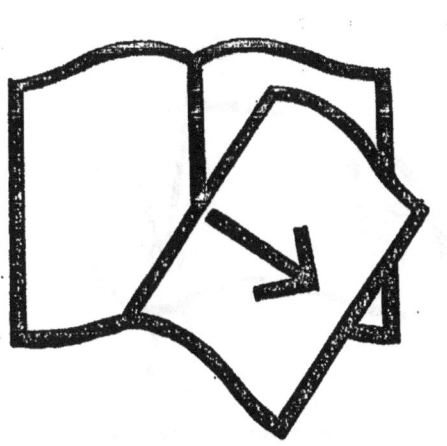

Couverture inférieure manquante

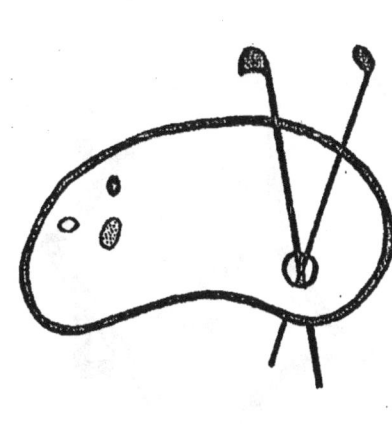

DEBUT D'UNE SERIE DE DOCUMENTS
EN COULEUR

Couverture inférieure manquante

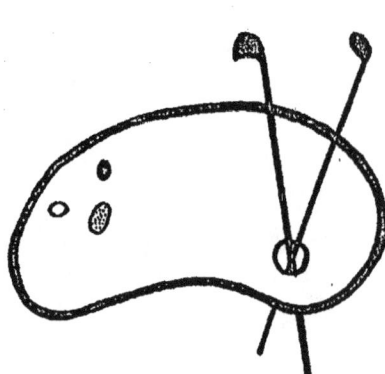

DEBUT D'UNE SERIE DE DOCUMENTS
EN COULEUR

A. COLLIGNON

DIDEROT

SA VIE

SES ŒUVRES, SA CORRESPONDANCE

PARIS
ANCIENNE LIBRAIRIE GERMER BAILLIÈRE ET Cie
FÉLIX ALCAN, ÉDITEUR
108, BOULEVARD SAINT-GERMAIN, 108

1895

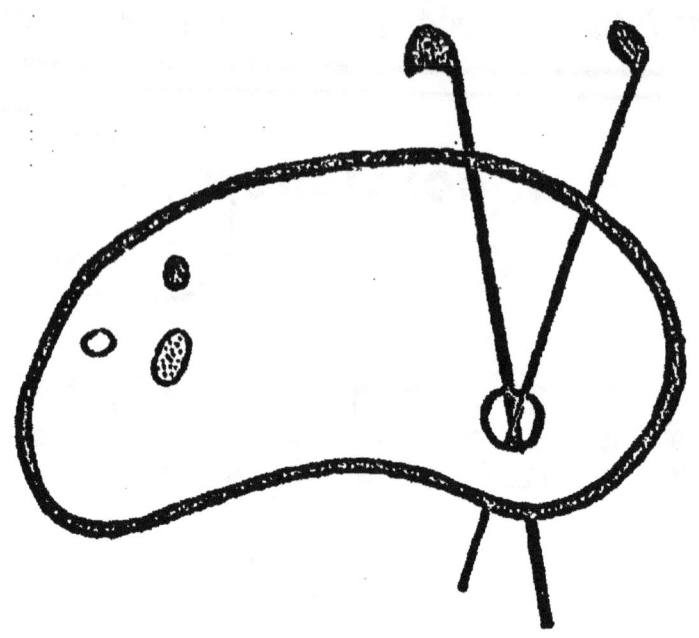

FIN D'UNE SERIE DE DOCUMENTS EN COULEUR

DIDEROT

DU MÊME AUTEUR

L'Art et la Vie.
  2 vol. Germer Baillière.

L'Art et la Vie de Stendhal.
  1 vol. Germer Baillière.

ÉVREUX, IMPRIMERIE DE CHARLES HÉRISSEY

A. COLLIGNON

DIDEROT

SA VIE

SES OEUVRES, SA CORRESPONDANCE

PARIS
ANCIENNE LIBRAIRIE GERMER BAILLIÈRE ET Cⁱᵉ
FÉLIX ALCAN, ÉDITEUR
108, BOULEVARD SAINT-GERMAIN, 10

1895

INTRODUCTION

LA PHILOSOPHIE DU DIX-HUITIÈME SIÈCLE

Dans ses *Mémoires sur la vie et les ouvrages de Diderot*, Naigeon se plaignait du silence fait autour de sa tombe. « Rien n'est plus affligeant, disait-il, pour ceux qui s'intéressent au progrès des connaissances humaines, que l'indifférence publique pour des ouvrages qui suffiraient à changer le caractère dominant d'un siècle et à lui imprimer un grand mouvement. »

Aujourd'hui, comme au temps où le disciple et l'ami de Diderot écrivait ces lignes, on a tort de négliger les grands écrivains et philosophes du xviii° siècle : Diderot, d'Alembert, Montesquieu, Rousseau, Voltaire, Buffon, Helvétius, d'Holbach, Turgot, Condillac et

Mably, d'Argens, Maupertuis, Duclos, Grimm, La Mettrie, Saint-Lambert, Dumarsais, Cabanis, Condorcet.

Il est indispensable de les lire, sinon d'un bout à l'autre, du moins, de façon à bien connaître leurs idées sur le monde et sur l'homme, sur Dieu et sur l'âme, sur les religions et les institutions sociales, sur la morale et l'esthétique, sur la vertu, le beau, l'amour, la vérité, — sur l'Art et sur la Vie, — sur les conditions du bonheur individuel et du progrès social, pour apprécier dans son origine, et pour considérer dans sa source toute la philosophie contemporaine.

Leur influence sur nous est manifeste. Elle se retrouve partout : dans nos lois, dans nos mœurs et dans notre langage. Ces grands hommes ont été plus que des chefs d'école, ils ont été les transformateurs de la société même et ils ont fait tout ce que nous voyons.

Tantôt réunis : au Grandval, chez d'Holbach; à Voré, chez Helvétius; à Paris, chez Mme du Deffand, Mme Geoffrin, Mlle de Lespinasse; à Berlin, chez Frédéric II; à Pétersbourg, chez Catherine; à Genève, à Ferney, aux Délices, chez Voltaire, les philosophes du xviiie siècle ont poursuivi avec ensemble un but commun : l'émancipation de l'esprit, la liberté dans tous les ordres de l'activité humaine, la ruine de l'intolérance et de la persécution religieuses. Ils se sont unis *pour écraser la bête,* et leur œuvre commune a profité de cette force immense que donne l'association.

L'Encyclopédie fut le centre de tous ces efforts. Diderot, qui en avait conçu l'idée, l'organisa et lui imprima cette forte et constante unité d'impulsion qui la fit triompher malgré tous les obstacles. Seul, au xviiie siècle, Diderot était capable de concevoir, de fonder, de construire et d'élever jusqu'au faîte un pareil monument; seul, il avait l'ardeur et la fécondité, la facilité de travail et la puissance d'esprit nécessaires pour mener à bien, jusqu'à la fin, une si gigantesque entreprise.

En général, les savants ne sont pas des artistes, et les hommes de sentiment ne sont pas des hommes de raison, mais lui, artiste et savant, sceptique et croyant, philosophe et poète, ardent, impétueux, patient et passionné tout ensemble, unit, dans l'accord le plus rare, les qualités les plus diverses, l'éloquence entraînante à la plus délicate analyse, la pénétration la plus fine à l'intelligence la plus étendue. Aussi Diderot est-il l'homme le plus étonnant de son siècle, et l'une des plus complètes et des plus admirables têtes qui aient jamais existé.

Jamais il ne s'est rencontré dans le monde une nature plus riche, plus fertile, plus ouverte à tous les germes et plus fécondante, un esprit plus transformateur, une capacité encyclopédique aussi active, aussi créatrice et vivifiante, et d'aussi prodigieuse étendue que celle de Diderot, qui embrasse tout, anime tout, et renvoie au dehors ses pensées étincelantes dans des torrents de flamme, comme un volcan. *Pantophile*-Diderot, comme le nommait Voltaire, a été l'Hercule de l'*Encyclopédie*, le boute-en-train et le boute-feu du xviii° siècle.

Au point de vue de la raison critique et du progrès des lumières, cette époque est la plus glorieuse et la plus féconde de notre histoire.

Le sentiment qui l'anime, l'inspire, l'entraîne et la soutient dans toutes ses luttes, c'est l'amour des hommes et de leur liberté, la haine du fanatisme et de l'intolérance, le sentiment de l'égalité humaine, l'horreur de l'esclavage moral et physique, la passion de la liberté individuelle, civile et politique, la haine du despotisme, de la royauté, des privilèges iniques de la noblesse, des institutions féodales, de la dîme, de la corvée, de toutes les formes encore existantes du servage ancien, le respect de la justice et des droits de l'homme.

La connaissance expérimentale de l'homme, de son organisation morale et de ses facultés, conduit nos philosophes à la réforme du Code pénal, à l'horreur de la guerre, à l'estime du travail, de la science et de l'industrie, au rêve généreux de la paix perpétuelle dans les États-Unis d'Europe ; en un mot, à l'amour ardent et actif du progrès sous toutes ses formes, à la confiance, peut-être exagérée, dans la perfectibilité humaine, dans le perfectionnement matériel et moral de la société.

Cet amour du progrès, de la justice et de la liberté les conduit — par le libre examen

— à l'émancipation civile et politique ; il leur fait reconnaître, aux citoyens le droit de se gouverner eux-mêmes, à la nation tout entière, le droit de participer à la conduite de ses affaires et de ses destinées.

Voilà la passion généreuse qui anime les hommes du xviii° siècle, qui inspire tous les efforts qu'ils tentent, avec une ardeur soutenue, pour l'amélioration sociale et le bonheur de tous.

Philosophes, ils sentent que leur métier est de faire du bien aux hommes, de leur apprendre à penser librement et de les affranchir ainsi de toutes les servitudes.

Quel siècle unique dans l'histoire ! Non seulement il a le respect et l'amour de l'humanité, non seulement il honore et respecte dans l'homme la faculté qu'il a de se posséder et de se gouverner lui-même, en vue du bien et du vrai, mais il possède aussi toutes les vertus aimables et toutes les qualités charmantes, l'esprit libéral, le cœur généreux, l'enthousiasme pour les idées, la bienveillance universelle, la douceur des mœurs, la tolérance facile, le goût du beau, des arts et des plaisirs, et cela sans jamais perdre de vue le bien public.

Ce siècle a toutes les nobles inspirations, tous les généreux entraînements. Sans reculer devant aucune conséquence, il combat avec courage les chimères religieuses qui, de tout temps, ont inspiré un fanatisme si funeste au bonheur des hommes. L'observation est son flambeau. L'expérience est son guide. L'évidence est le seul principe raisonnable et raisonné qui le guide dans le choix de ses opinions et dans sa conduite.

Avec ces sentiments et ces principes, il a constitué la morale et la politique modernes à l'état de sciences indépendantes : et, en séparant ainsi la morale du dogme et la politique de l'Église, il a fait la plus grande chose qui ait jamais changé la condition humaine.

Enfin, il a préparé et rendu possible la Révolution française. La Révolution ! œuvre de justice, d'amour et de liberté, rénovation universelle, rétablissement du droit oublié, de l'égalité violée, de l'équité foulée aux pieds, vie nouvelle rendue plus libre, plus égale, plus généreuse, plus fraternelle et plus aimable à tous. Par elle, il a fondé la liberté de conscience, la liberté philosophique de la pensée et le droit de libre examen, d'où découlent, avec le temps, toutes les libertés nécessaires. Il a réformé le Code civil, adouci les lois, rendu le Code pénal moins barbare; il a affranchi les serfs et les esclaves, fondé la liberté politique, l'égalité civile; permis et préparé tous les progrès [1].

Tels sont les travaux et les conquêtes du xviii° siècle. Nous allons voir, en étudiant Diderot, quelles furent ses opinions et sa

---

(1) Ils avaient parfaitement conscience de la portée de leur œuvre; ils prévoyaient, tous, les utiles et glorieux résultats de leurs travaux. Ils sentaient que la Renaissance sociale était proche et qu'ils étaient tout près du siècle de la Révolution. « Tout ce que je vois, dit Voltaire, dans une lettre au marquis de Chauvelin, du 2 avril 1764, tout ce que je vois, jette les semences d'une révolution qui arrivera immanquablement, et dont je n'aurai pas le plaisir d'être témoin. (Il avait alors soixante et dix ans.) La lumière s'est tellement répandue qu'on éclatera à la première occasion, et alors ce sera un beau tapage. Les jeunes gens sont bien heureux, ils verront de belles choses. »

« J'ai connu, dit M. Villemain, des personnes qui avaient passé leur vie dans cette société, car nous y touchons. Il n'y a guère que soixante ans, le salon du baron d'Holbach était dans sa plus grande ferveur de hardiesse; on y discutait le programme métaphysique de la Révolution de 1789, aux crimes près. Il n'est pas une théorie de réforme, pas une innovation, pas une destruction qui n'ait été, là, rêvée, prédite, préparée. »

doctrine. Cette doctrine affirme qu'il n'y a rien dans l'intelligence qui n'ait été d'abord dans les sens; et, par conséquent, que l'âme n'est rien autre chose que l'ensemble des fonctions du cerveau, le résultat variable et progressif de son organisation et de sa culture; elle prouve que toutes les définitions qui affirment Dieu et prétendent l'expliquer ou le démontrer sont téméraires, inexactes, incomplètes et prématurées. Car nous ne pouvons avoir de la nature universelle, de son commencement, où nous n'étions pas, de sa cause inconnue et de son pourquoi, aucune idée satisfaisante; en conséquence, elle proclame le bonheur terrestre comme but de la vie et reconnaît que notre destinée est de nous améliorer, de nous perfectionner, pour être heureux par la sagesse et la vertu; puis, de nous survivre par l'éclat ou l'utilité de nos actions, par le dévouement à la science, à l'art, à la famille, à la patrie ou à l'humanité.

Cette doctrine philosophique est complète. Elle est suffisante en pratique et nous vivons d'elle aujourd'hui. Ces principes, que Diderot et ses amis nous ont légués, sont la base, l'inspiration et l'âme de toutes nos œuvres viriles et durables.

Nous allons observer et regarder de près cette philosophie du xviii° siècle, tant décriée, tant calomniée par des gens incapables de la comprendre. Nous verrons qu'elle est la source vive où il faut puiser, qui ne se trouble point de toutes les injures qu'on lui prodigue, de toutes les calomnies qu'on lui jette, de toutes les horreurs qu'on lui impute et dont on la voulait salir. C'est à elle qu'il faut aller pour la répandre en mille ruisseaux utiles et fécondants.

Dans une certaine école, où l'on se paie de mots incompris, on croit avoir tout dit quand on a traité de haut l'*empirisme* de Locke, le *sensualisme* de Condillac, le *matérialisme* et l'*athéisme* de Diderot, d'Helvétius, de d'Holbach et de d'Alembert. Eh! qu'importent les épithètes! qu'importent ces chicanes puériles qui prouvent uniquement qu'on prend pour des êtres distincts des qualités de la substance, distinguées uniquement pour la commodité du langage et qui ne correspondent à rien de vrai. En réalité, nous ne savons au fond ce que c'est qu'*esprit* et *matière*. Nous sommes forcés d'admettre, parce que c'est un fait, que la substance unique, universelle, s'organise dans l'homme pour penser, comme elle s'organise pour végéter dans la plante et pour sentir dans l'animal. La digestion, la végétation sont tout aussi difficiles à expliquer que la raison, et Voltaire, dans une lettre à d'Alembert, 1757, priait déjà « l'honnête homme qui fera dans l'*Encyclopédie* l'article *matière* de bien établir que le je ne sais quoi qu'on nomme *matière* peut aussi bien penser que le je ne sais quoi qu'on appelle *esprit* ».

Laissons donc de côté ces querelles de mots. Mais, demandons-le à ses ennemis mêmes : cette philosophie du xviii° siècle est-elle, oui ou non, enflammée par l'amour de l'humanité? Tend-elle toujours au même but, la réalisation de la justice et l'amélioration de la condition humaine sur cette terre?

M. Guizot lui-même, peu suspect de tendresse et de partialité en faveur de l'athéisme et du matérialisme scientifiques, dit au tome IV de ses *Mémoires* qu' « il sera beaucoup pardonné à ce *siècle de sympathie et de confiance sincère et humaine* parce qu'il a beaucoup aimé ».

Dès lors, si vous êtes obligé de reconnaître et d'admirer avec nous cet amour sincère et éclairé des hommes, nous ne faisons aucune difficulté d'admettre vos épithètes. — Oui, les philosophes du xviii° siècle s'appuyaient uniquement sur l'observation et sur l'expérience; oui, ils étaient sensualistes ou sensationnistes, matérialistes et athées pour la plupart; mais eut-on jamais des sensations plus humaines, des passions plus nobles, des aspirations plus élevées, une direction de vue, de pensée et de vie plus généreuse, des élans plus vifs et une activité plus heureuse en faveur de la liberté, de la justice, pour la dignité et le bonheur des hommes et pour tous les progrès?

S'en tenir à l'écorce des mots, s'incliner servilement devant l'enseignement officiel de l'État ou de l'Église en matière de philosophie, ce serait n'avoir pas compris la doctrine des grands hommes avec qui nous allons vivre, n'avoir pas profité de leur exemple et n'avoir pas recueilli la plus belle et la meilleure part de l'héritage qu'ils nous ont transmis.

L'indépendance d'esprit est, en effet, le caractère le plus général de leur philosophie; et c'est grâce à cette virile indépendance que la cause de la liberté fut gagnée. Grâce à eux nos philosophes contemporains ne sont plus les esclaves timides des théologiens, ils ne subissent plus, comme auparavant, le joug d'Aristote et de la Sorbonne. Grâce à eux, nous pouvons enfin examiner et discuter librement l'autorité de toute tradition politique ou religieuse.

Suivant eux-mêmes la route indiquée par Bacon et Descartes, élargie par Bayle, Malebranche et Spinoza, ils ont abjuré définitivement le culte de l'autorité et n'ont admis à sa place que le témoignage individuel de la conscience et de la raison. *Le premier pas vers la philosophie, c'est l'incrédulité*, affirmait Diderot la veille de sa mort. Ce fut sa dernière parole et ce sera aussi la nôtre.

DIDEROT

CHAPITRE PREMIER

VIE DE DIDEROT : SES GOÛTS, SON CARACTÈRE SON RÔLE AU XVIII° SIÈCLE

> A la distance de quelques siècles du moment où il a vécu, Diderot paraîtra un homme prodigieux ; on regardera de loin cette tête universelle avec une admiration mêlée d'étonnement, comme nous regardons aujourd'hui la tête des Platon et des Aristote.
> J.-J. ROUSSEAU.
>
> Diderot ! un si beau génie à qui la nature a donné de si grandes ailes !
> VOLTAIRE.

Parlant du légitime intérêt que présentent la vie et le caractère des hommes dont nous admirons les ouvrages, Diderot dit qu'une sorte de reconnaissance délicate s'unit à une curiosité digne d'éloge pour nous intéresser à leur biographie.

« Le lieu de leur naissance, leur éducation, leur caractère, la date de leurs productions, l'accueil qu'elles reçurent dans le temps, leurs penchants, leurs goûts honnêtes ou malhonnêtes, leurs amitiés, leurs fantaisies, leurs travers, leur forme extérieure, les traits de leur visage, tout ce qui les concerne mérite notre attention. Nous aimons à visiter leurs demeures, nous éprouverions une douce émotion à l'ombre d'un arbre sous lequel ils se seraient reposés; nous voudrions vivre et converser avec les sages dont les travaux ont augmenté le pouvoir de la vertu et les trésors de la vérité. Sans ce tribut, la sagesse accumulée des siècles serait un don gratuitement accordé à des ingrats. »

Rien n'est plus naturel que cet intérêt de curiosité sympathique qu'inspirent tous les détails de la vie des grands hommes. Il nous est agréable de connaître les moindres particularités qui les concernent. Il n'est pas jusqu'à leurs propos de table et jusqu'aux bons mots qui leur ont échappé dans la conversation ou dans la chaleur du vin, qui ne soient, comme l'a dit Xénophon, dignes d'être conservés à la postérité. Il en est d'eux comme des êtres chéris qu'on a perdus et dont on aime à se rappeler les moindres paroles.

D'ailleurs, à un point de vue plus élevé, la biographie des écrivains importe à la science. Il est utile de la lier étroitement à l'étude de leurs ouvrages et de placer leurs idées au milieu de leurs actions. L'étude de leur vie éclaire leurs intentions, leur but et leurs desseins, parfois cachés; et cette connaissance de leurs sentiments intimes devient la clef de leurs écrits.

Les œuvres des philosophes sont l'histoire de l'esprit humain. L'histoire de la philosophie n'est que l'histoire des grands philosophes et l'analyse exacte de leurs pensées. Dans les systèmes philosophiques les plus fameux, dans les doctrines éternellement célèbres d'Aristote, de Platon, d'Épicure, il faut moins voir une explication complète et satisfaisante du monde et de l'homme, qu'une connaissance intéressante et curieuse des idées familières à ces grands esprits.

En général, on ne tient pas assez de compte, dans l'étude des doctrines philosophiques et des idées morales, des hommes qui les ont professées et qui leur impriment, avec les nuances particulières de leur imagination, un caractère distinct. L'histoire des idées ne peut se faire utilement que par la biographie morale des hommes qui les ont eues.

Enfin, comme la philosophie consiste essentiellement à ne rien croire par obéissance, à examiner tout, à observer librement par soi-même, il est bon de regarder les hommes qui ont su philosopher de cette manière, afin de s'encourager par leur exemple, afin d'imiter leur indépendance d'esprit et leur courage, qui sont toujours utiles et toujours de saison. Songeant à cette efficacité des bons exemples et reconnaissant que le souvenir laissé par les grands hommes n'est pas moins utile que leur existence, Sénèque dit, dans ses *Lettres à Lucilius :* « Quand on s'en tient aux préceptes, la route est longue : l'exemple l'abrège et nous fortifie. »

I

Denis Diderot est né à Langres, en Champagne, le 5 octobre 1713, un an avant Jean-Jacques Rousseau, de Didier Diderot et d'Angélique Vigneron.

La famille Diderot[1] exerçait, à Langres, la profession de coutelier de père en fils depuis deux cents ans.

« Ma grand'mère, écrit Diderot[2], resta veuve à trente-trois ans, et elle avait eu vingt-deux enfants, huit dans les quatre premières couches; il lui en restait dix-neuf vivant autour de sa table. Je ne sais comment elle parvint à les élever et à subvenir à tous leurs besoins, avec le

---

(1) *Vie de Diderot*, par F. Génin.
(2) Dans l'*Encyclopédie*, au mot *subvenir*.

peu de fortune qu'elle avait. De tant d'enfants, aucun n'est parvenu au delà de soixante et quinze ans; je n'en ai jamais vu que trois; je suis encore jeune, et au moment où j'écris, il n'en reste pas un. Avec quelle vitesse les hommes passent! »

Son père était, dit Génin, un homme de caractère antique, ferme et sévère. Revêtu de son tablier d'artisan, il avait su gagner l'estime et le respect de tous ses compatriotes. Il était distingué dans sa profession, et même avait imaginé des lancettes d'une forme particulière.

« Mon père, dit Denis Diderot, homme d'un excellent jugement, mais homme pieux, était renommé pour sa probité rigoureuse. Les pauvres pleurèrent sa perte quand il mourut. Pendant sa maladie, les grands et les petits marquèrent l'intérêt qu'ils prenaient à sa conservation. Lorsqu'on sut qu'il approchait de sa fin, toute la ville fut attristée. Son image est encore sous mes yeux, il me semble que je le vois dans son fauteuil à bras, avec son maintien tranquille, son visage serein; il me semble que je l'entends encore. »

Denis, le philosophe, était l'aîné et fut d'abord le mauvais sujet de la famille dont il sera éternellement la gloire.

Son père le destinait à l'état ecclésiastique, et à la succession d'un oncle chanoine. Sa vie a été racontée, d'un style simple et sincère, par sa fille Mme de Vandeul. Elle est, avec Naigeon, son meilleur biographe, auquel tous les autres ont peu ajouté.

Il avait une sœur d'un caractère original et d'un cœur excellent, qu'il appelait *la ménagère;* elle lui ressemblait d'esprit, moins la culture et la science : vive, gaie, décidée, agissante, prompte à s'offenser, sans souci ni sur le présent ni sur l'avenir, ne s'en laissant imposer ni par les choses ni par les personnes; libre dans ses actions, plus libre encore dans ses propos, une espèce de *Diogène femelle.* Cette brave fille ne se maria point pour mieux servir son père.

Diderot avait de plus un frère, chanoine de son état, à la cathédrale de Langres : *très dévot, très intolérant et l'un des grands saints du diocèse.* A la mort du philosophe, il fit demander ses papiers pour les jeter au feu. Heureusement pour nous, ils étaient en Russie avec sa bibliothèque[1]. Ce frère intolérant prenait à la rigueur la maxime catholique : *hors l'Église point de*

---

(1) Ils ont été publiés par M. J. Assézat, chez Garnier frères, dans une nouvelle édition des Œuvres complètes de Diderot,

salut. « Il s'est brouillé avec mon père, dit Mme de Vandeul, parce qu'il n'était pas chrétien, avec ma mère parce qu'elle était sa femme; il n'a jamais voulu me voir parce que j'étais sa fille; il n'a jamais voulu embrasser mes enfants, parce qu'ils étaient ses petits-fils; et mon mari, qu'il recevait avec bonté, a trouvé sa porte fermée depuis que je suis devenue sa femme. »

Comme Voltaire, Diderot fit ses premières études chez les Jésuites de sa ville natale. On le destinait alors à l'état ecclésiastique, parce qu'il devait hériter du bénéfice d'un oncle chanoine, dont le canonicat ne fut pas inutile à décider plus tard la vocation religieuse de son frère. Mais la vie de chanoine et la théologie ne devaient pas plaire à Denis Diderot. Né vif, pétulant, d'une intelligence précoce, d'un caractère facile et prompt aux entraînements de toutes sortes, il se montrait, dès le collège, supérieur à ses camarades dans ses études, mais indiscipliné et inexact. Il manquait souvent d'aller en classe, aimant la chasse et l'école buissonnière.

A la différence de Voltaire et des autres

---

plus complète que celle de Brière et comprenant, entre autres, les manuscrits inédits conservés à Saint-Pétersbourg, à la Bibliothèque de l'*Ermitage*.

grands hommes du dix-huitième siècle, Diderot a toujours conservé l'amour cordial de la famille et le souvenir délicieux et attendri de ses années d'enfance. Plus tard, il aimait à se rappeler la petite maison du coutelier de Langres, ses faciles joies d'enfant, ses soirées passées avec son frère l'abbé, sa sœur la ménagère et ses jours de congé si gais, et ses premiers succès du collège qui avaient fait pleurer de joie son vieux père. A l'âge de près de cinquante ans, se trouvant à la campagne, chez le baron d'Holbach, au Grandval, et suivant des yeux le cours de *sa triste et tortueuse compatriote, la Marne*, au pied des coteaux de Chenevières et de Champigny, sa rêverie remonte avec elle jusqu'à Langres et il écrit à son amie, Mlle Voland : « Un des moments les plus doux de ma vie, et je m'en souviens comme d'hier, ce fut lorsque mon père me vit arriver du collège, les bras chargés de prix que j'avais remportés et les épaules chargées de couronnes qu'on m'avait décernées, et qui, trop larges pour mon front, avaient laissé passer ma tête. Du plus loin qu'il m'aperçut, il laissa son ouvrage, il s'avança sur sa porte et se mit à pleurer. C'est une belle chose qu'un homme de bien et sévère, qui pleure ! »

Grimm, que Diderot avait envoyé près de son père pour le lui faire connaître, dit : « Le père aimait son fils aîné d'inclination ; sa fille, de reconnaissance et de tendresse, et son fils cadet, le chanoine, de réflexion et par respect pour l'état qu'il avait embrassé. »

Cependant, fatigué des remontrances de ses régents au sujet de ses escapades, le jeune Denis dit un matin à son père qu'il ne voulait plus continuer ses études.

— Tu veux donc être coutelier ?
— De tout mon cœur.

On lui donna le tablier de boutique et il se mit à côté de son père. Il gâtait tout ce qu'il touchait de canifs, de couteaux ou d'autres instruments. Cela dura quatre ou cinq jours. Au bout de ce temps il se lève, monte à sa chambre, prend ses livres et retourne au collège. « J'aime mieux l'impatience que l'ennui, » dit-il ; et, depuis ce moment, il continua ses études sans aucune interruption.

Comme il était un élève de grande espérance, les Jésuites auraient voulu se l'approprier[1] ;

[1] Les Jésuites étaient trop fins pour ne pas apprécier ce que valait déjà et ce que pourrait un jour valoir leur élève. On sait, dit F. Génin, qu'ils sont continuellement à l'affût des sujets distingués, et que pour les ravir aux familles et les donner à leur ordre tous moyens leur sont légitimes.
(*Vie de Diderot.*)

et, pour disposer de lui plus à l'aise¹, ils le déterminèrent à quitter la maison paternelle et à s'éloigner avec un des leurs auquel il était attaché. Son père, averti de ce projet d'évasion, le retira de leurs mains, le conduisit lui-même à Paris et le fit entrer au collège d'Harcourt où il termina ses études.

Il s'y montra bon écolier, excellent camarade; il s'y lia, entre autres, avec l'abbé de Bernis, bohême et poète alors, et depuis cardinal. Ils allaient tous deux dîner au cabaret, à six sous par tête. « J'ai souvent entendu mon père, dit Mme de Vandeul, vanter la gaieté de ces repas. »

Ses classes finies, son père le fit entrer chez un procureur, M. Clément de Ris, son ami et compatriote. Diderot y demeura deux ans, mais la chicane ne lui plaisait guère plus que la théologie. Le dépouillement des actes, les productions d'inventaires, avaient peu d'attraits pour lui. Tout le temps qu'il pouvait dérober à son patron était employé à apprendre le latin et le grec qu'il croyait ne pas savoir assez, les mathématiques, l'italien, l'anglais, etc.; enfin il se livra tellement à son goût pour les lettres que M. Clément de Ris crut devoir

---

(1) Les Jésuites essayèrent de l'enlever de Langres pour disposer de lui plus à l'aise.   (SAINTE-BEUVE.)

prévenir son ami du mauvais emploi que son fils faisait de son temps.

Mon grand-père, dit Mme de Vandeul, chargea alors expressément M. Clément de proposer un état à son fils, de le déterminer à faire un choix prompt, et de l'engager à être médecin, procureur ou avocat. Mon père demanda du temps pour y songer; on lui en accorda. Au bout de quelques mois, les propositions furent renouvelées ; alors il dit que l'état de médecin ne lui plaisait pas, qu'il ne voulait tuer personne; que celui de procureur était trop difficile à remplir délicatement; qu'il choisirait volontiers la profession d'avocat, mais qu'il avait une répugnance invincible à s'occuper toute sa vie des affaires d'autrui.

— Mais, lui dit M. Clément, que voulez-vous donc être ?

— Ma foi, rien, mais rien du tout. J'aime l'étude; je suis fort heureux, fort content; je ne demande pas autre chose.

Averti de cette réponse, le père de Diderot supprima sa pension et le fit prévenir qu'il ne rembourserait aucune dépense pour son compte. Il lui ordonnait ou de choisir un état quel qu'il fût, promettant de n'y apporter aucun obstacle, ou de revenir immédiatement à Langres et de rentrer sous le toit paternel.

Diderot ne faiblit pas, mais ne voulant pas demeurer à charge de M. Clément de Ris, il sortit de sa maison et prit un cabinet garni où il se livra avec ardeur à ses études préférées. Tant que dura le peu d'argent et d'effets qu'il avait, il ne s'occupa qu'à étendre et à augmenter ses connaissances.

Brouillé avec sa famille, logé dans un taudis et dînant à six sous, il connut la misère; mais rien ne le fit changer. Pendant dix ans, de 1733 à 1743, il continua de mener cette libre et pauvre existence d'indépendance, de besoins et d'études.

Son père persévérait dans son refus de secours; mais sa mère fléchissait, et lui envoyait de temps en temps quelque argent, non par la poste ou par des amis, mais par une pauvre servante, qui faisait soixante lieues à pied, lui remettait la petite somme que lui adressait sa mère, y ajoutait sans en parler ses modestes épargnes personnelles, et refaisait ses soixantes lieues. Trois fois elle lui donna cette marque de dévouement.

Au cours de cette vie de hasard et d'expédients, de lectures, de labeur et d'improvisation continuelle, nous le voyons, avec cet air *air vif, ardent et fou* qu'il avait alors, entrer chez Mme Babuti, la jolie libraire du quai des Augustins — qui épousa plus tard son ami le peintre Greuze, et lui dire : « Mademoiselle, les *Contes* de La Fontaine, ou Pétrone, s'il vous plaît. — Monsieur, les voilà; ne vous faut-il point d'autres livres ! — Pardonnez, mademoiselle, mais... — Dites toujours. — *La Religieuse en chemise.* — Fi donc? monsieur, est-ce qu'on a, est-ce qu'on lit de ces vilenies-là ? — Ah ! ah ! ce sont des vilenies, mademoiselle; moi je n'en savais rien[1]. »

Nous le voyons, tantôt dans la bonne, tantôt dans la médiocre ou dans la mauvaise compagnie, livré au travail, à la douleur, au plaisir, à l'ennui, au besoin; souvent ivre de gaieté, plus souvent noyé dans les réflexions les plus amères, n'ayant d'autres ressources que ses sciences qui lui valaient la colère de son père, prenant de la besogne de toutes mains, donnant des leçons de mathématiques qu'il apprenait chemin faisant. L'écolier était-il vif, d'un esprit facile et d'une conception prompte, il lui donnait leçon toute la journée; trouvait-il un sot, il n'y retournait

---

(1) *Salons*, X. « Greuze est certainement amoureux de sa femme, et il n'a pas tort. Je l'ai bien aimée, moi, quand elle était jeune..., poupine, blanche et droite comme le lis, vermeille comme la rose.

pas. On le payait en livres, en meubles, en linge, en argent ou point, c'était la même chose.

Comme on le voit, les privations de sa jeunesse étaient soutenues avec courage. Il étudiait et travaillait beaucoup, faisait tout ce qu'il trouvait à faire : des traductions pour les libraires, des sermons pour les prédicateurs[1] et parfois même, dit M. Villemain dans son *Tableau de la littérature au dix-huitième siècle*, « des mandements pour les évêques ».

Enfin, il essaya d'être le précepteur des enfants de M. Randon, riche financier, qui lui avait offert le lit, la table et quinze cents francs par an. Mais cette vie d'assujettissement lui devint insupportable au bout de trois mois.

Il fut alors trouver M. Randon.

— Je viens, monsieur, vous prier de chercher une personne qui me remplace, je ne puis rester chez vous plus longtemps.

— Mais, monsieur Diderot, quel sujet de mécontentement avez-vous ? Vos appointements sont-ils trop faibles ? Je les doublerai. Êtes-vous mal logé ? Choisissez un autre appartement. Votre table est-elle mal servie ? Ordonnez votre

---

[1] Un missionnaire lui en commanda six pour les colonies portugaises et les paya cinquante écus pièce. Diderot estimait cette affaire une des meilleures qu'il eût faites.

dîner; rien ne me coûtera pour vous conserver.

— Monsieur, regardez-moi. Un citron est moins jaune que mon visage. Je fais de vos enfants des hommes, mais chaque jour je deviens un enfant comme eux. Je suis mille fois trop riche et trop bien dans votre maison, mais il faut que j'en sorte; l'objet de mes désirs est moins de vivre que de ne pas mourir.

Il sortit donc de chez M. Randon, retourna dans son taudis et fut livré de nouveau à la vie d'indépendance et à la misère.

Il avait quelques amis : sa chambre appartenait au premier qui s'en emparait; celui qui avait besoin d'un lit venait prendre un de ses matelas et s'établissait dans sa niche. Il en agissait à peu près de même avec eux : il allait dîner chez un camarade; il voulait écrire un mot, il y soupait, y couchait et y restait jusqu'à la fin de sa besogne.

On retrouve avec plaisir, dans le *Neveu de Rameau*, la redingote *peluche grise* avec laquelle il se promenait au Luxembourg, en été, dans l'*allée des Soupirs*.

« *Le neveu de Rameau* : Là, monsieur le philosophe, la main sur la conscience, parlez net; il y eut un temps où vous n'étiez pas cossu comme aujourd'hui.

Diderot : Je ne le suis pas encore trop.

— Mais vous n'iriez plus au Luxembourg, en été... Vous vous en souvenez ?

— Laissons cela ; oui, je m'en souviens.

— En redingote de peluche grise.

— Oui, oui.

— Ereintée par un des côtés, avec la manchette déchirée, et les bas de laine noirs et recousus par derrière avec du fil blanc.

— Eh oui, oui, tout comme il vous plaira.

— Que faisiez-vous alors dans l'allée des Soupirs ?

— Une assez triste figure.

— Au sortir de là, vous trottiez sur le pavé.

— D'accord.

— Vous donniez des leçons de mathématiques.

— Sans en savoir un mot ; n'est-ce pas là que vous voulez en venir ?

— Justement.

— J'apprenais en montrant aux autres, et j'ai fait quelques bons élèves. »

Lui qui regretta plus tard si éloquemment *sa vieille robe de chambre,* combien ne dut-il pas regretter cette redingote de peluche qui lui eût retracé toute sa vie de jeunesse, de misère et d'épreuves ! Comme il l'aurait fièrement suspendue dans son cabinet décoré d'un luxe récent.

« Elle me rapelle mon premier état, disait-il de sa vieille robe de chambre, et l'orgueil s'arrête à l'entrée de mon cœur. Non, mon ami, non, je ne suis point corrompu. Ma porte s'ouvre toujours au besoin qui s'adresse à moi, il me trouve la même affabilité; je l'écoute, je le conseille, je le plains. Mon âme ne s'est point endurcie, ma tête ne s'est point relevée; mon dos est bon et rond comme ci-devant. C'est le même ton de franchise, c'est la même sensibilité; mon luxe est de fraîche date, et le poison n'a pas encore agi. »

Quelquefois cependant, au cours de cette misère si vaillamment et si joyeusement supportée, il ne possédait pas un écu. Plongé alors dans une tristesse profonde, cherchant la solitude, il se promettait d'abandonner ses occupations, il voulait prendre un état qui le nourrît, et renoncer à tout ce qui charmait sa vie; mais une ligne d'Homère, un problème à résoudre, une pensée de Newton, détruisaient dans un instant le projet d'une semaine : tout ce qui occupait son génie rendait à son âme le calme et la sérénité.

Il n'avait pas toujours de quoi dîner. Un mardi-gras, il se lève, fouille dans sa poche et n'y trouve rien. Il ne veut point aller troubler des amis qui ne l'ont point invité. Ce jour qu'il avait tant de fois passé dans son enfance au milieu de parents chéris, devient plus triste encore; il ne peut travailler; il croit, en se promenant, dissiper sa mélancolie; il va aux Invalides, au Cours, à la Bibliothèque du roi, au Jardin des Plantes. L'on peut calmer l'ennui, mais on ne peut tromper la faim. Il revient à son auberge, épuisé de marche, défaillant d'inanition. En entrant, il s'assied et se trouve mal. L'hôtesse lui donne un peu de pain grillé dans du vin, et il va se coucher. — « Ce jour-là, disait-il à sa fille qui nous l'a transmis, je jurai, si jamais je possédais quelque chose, de ne refuser de ma vie à un indigent et de tout donner plutôt que d'exposer mon semblable à une journée de pareilles tortures. »

Jamais, ajoute Mme de Vandeul, serment ne fut religieusement et plus souvent observé.

Ce fut à cette époque, en 1741, qu'il fit connaissance avec une jeune ouvrière, Mlle Champion, qui vivait honnêtement avec sa mère du travail de ses mains. Il la connut comme voisine, il l'aima, se fit agréer d'elle et l'épousa en 1744, malgré l'opposition de sa famille et les remontrances économiques de Mme Champion[1].

(1) On lit dans le *Dictionnaire critique* de Jal, article Diderot : « Le 6 novembre 1743, Denis Diderot, bourgeois de Paris, épousa secrètement, à minuit, Anne-Toinette Champion, à la paroisse de Saint-Pierre-aux-Bœufs. »

Diderot avait alors trente et un ans et n'avait encore rien publié.

Il a peint le commencement de cette liaison dans le *Père de famille*. Violent et passionné comme Saint-Albin, il n'eut pas besoin d'autre modèle que lui-même. Les obstacles que son père mit à son mariage, le caractère sec, dur et impérieux de son frère, voilà le canevas du drame ; son imagination n'y a ajouté que ce qu'il a cru nécessaire pour lui donner plus d'intérêt.

Le mariage se fit en secret : il fut célébré à Saint-Pierre, à minuit, et ne fut pas complétement heureux. D'une beauté éclatante dans sa jeunesse, Mme Diderot était d'un esprit trop borné et d'une éducation trop vulgaire pour comprendre son mari [1]. C'était une bonne femme [2], mais dévote, tracassière et incapable de suffire aux affections d'un homme tel que Diderot [3]. Il eut d'elle quatre enfants, dont un

---

(1) Une femme d'un esprit aussi simple, dit F. Génin, ne pouvait plaire longtemps à un homme du caractère de Diderot, non plus que la vie étroite à laquelle il lui fallait s'assujettir. (*Vie de Diderot.*)

(2) Il paraît, dit Sainte-Beuve, que, bonne femme au fond, Mme Diderot était d'un caractère tracassier, d'un esprit commun, d'une éducation vulgaire, incapable de comprendre son mari et de suffire à ses affections.

(3) « J'ai ouï dire à Diderot, rapporte Chamfort, qu'un homme de lettres sensé pouvait être l'amant d'une femme qui fait un livre, mais qu'il ne devait être le mari que de celle qui savait faire une chemise. »

seul, qui fut Mᵐᵉ de Vandeul, survécut. Pour se réconcilier avec sa famille, il l'envoya avec sa mère à Langres, et ce moyen pathétique dissipa les préventions de son père et força la réconciliation[1].

Sous le poids de ses nouvelles charges, Diderot ne fléchit pas. Il se livra plus activement à ses travaux de librairie. Il traduisit de l'anglais, pour cent écus, l'*Histoire de la Grèce* en trois volumes ; puis un *Dictionnaire de Médecine* et ces besognes pénibles, si mal rétribuées, remirent cependant un peu d'aisance dans la maison.

Une femme de peine venait chaque jour balayer son petit logement et apporter les provisions de la journée ; Mᵐᵉ Diderot pourvoyait à tout le reste. « Souvent, dit Mᵐᵉ de Vandeul, lorsque mon père mangeait en ville, elle dînait ou soupait avec du pain et se faisait un grand plaisir de penser qu'elle doublerait le lendemain son petit ordinaire pour lui. Le café était un luxe trop considérable pour leur petit ménage ;

---

(1) Le bruit du mariage, dit F. Génin, était allé jusqu'à Langres, grossi de toute sortes de calomnies contre la jeune femme. Le père Diderot écrivit pour avoir des explications. Diderot embarque simplement dans le coche sa femme et son fils nouveau-né, et il répond à son père : « Elle est partie hier, elle vous arrivera dans trois jours ; vous lui direz tout ce qu'il vous plaira ; et quand vous en serez las, vous la renverrez. » *(Vie de Diderot.)*

mais elle ne voulait pas qu'il en fût privé, et chaque jour elle lui donnait six sous pour aller prendre sa tasse au café de la Régence et voir jouer aux échecs. »

Cependant Diderot se désenchanta de sa femme et se lia successivement avec Mme de Prunevaux, avec Mme de Puisieux, — autre erreur qui dura dix ans, — enfin avec Mlle Voland qui se montra seule digne des sentiments passionnés qu'elle lui inspira.

Sa liaison avec Mme de Puisieux dura jusqu'à son emprisonnement à Vincennes. Il eut alors l'occasion de voir qu'elle le trompait. — Quand il la connut, elle avait vingt-cinq ans. Elle était mariée à un avocat au Parlement. Elle écrivait. Il parut à Londres (1754), un livre d'elle, intitulé *les Caractères*, où l'on croit reconnaître çà et là la collaboration de Diderot [1].

---

(1) « Malheur, dit-elle, aux pères dont les enfants ne sont pas plus sensibles à leurs caresses ou à leur mauvaise humeur qu'aux récompenses et aux châtiments. » Cela pourrait bien être de l'auteur du *Père de famille*. « Voyez Mme de X***, qui n'a pas les dents belles, elle ne rit jamais que des yeux. » Encore une observation fine qui pourrait bien être de Diderot. Mme de Puisieux dit : « Je conseillerais à un homme un peu philosophe de ne point se marier. Il faudrait qu'une femme fût d'un mérite bien rare pour qu'il fît son bonheur et qu'elle fît le sien. On adore la liberté et on se marie ! on fait ainsi tout ce qui mène à l'esclavage ! » — « M. D..., dit encore Mme de Puisieux, me menace de me priver de ses conseils ; je ne sais quelle est sa bizarrerie, car je les écoute avec toute l'attention qu'ils méritent, et, pourvu que je n'efface point, je suis toujours de son avis. »

C'est pour subvenir aux besoins de Mme de Puisieux qu'il traduisit l'*Essai sur le mérite et la vertu* de Shaftesbury (1745) et qu'il fit les *Pensées philosophiques* (1746). Chacun de ces ouvrages *lui fut payé cinquante louis*. Diderot écrivit le second dans le court espace du Vendredi-Saint au jour de Pâques. *L'interprétation de la nature, les Bijoux indiscrets, la Lettre sur les aveugles* furent composés dans les mêmes conditions, et pour le même but.

La *Lettre sur les aveugles* fut écrite à l'occasion d'une opération de la cataracte faite par Réaumur sur un aveugle-né.

Diderot désirait assister à l'opération, afin d'étudier directement les premières sensations produites par la lumière; mais Réaumur n'admit à cette expérience qu'une grande dame ignorante, nommée Mme Dupré de Saint-Maur. Cette dame, mécontente des observations de Diderot, le fit mettre au donjon de Vincennes par l'obligeante entremise de son amant, M. d'Argenson.

Il y a tout lieu de croire, dit M. de Vandeul-Diderot, que c'est le crédit qu'avait Mme Dupré de Saint-Maur sur M. d'Argenson qui le fit enfermer au donjon de Vincennes, pour se venger de quelques propos échappés au philosophe sur son compte. On l'accusa d'avoir fait une satire contre Louis XV. Il avait fait en effet quelques lectures d'un joli conte intitulé le *Pigeon blanc*, où l'on avait cru voir des allusions aux intrigues qui occupaient alors le roi, ses maîtresses et la cour.

D'après une autre version, plus vraisemblable, tels ne seraient pas les motifs vrais de son incarcération. Il aurait été dénoncé au chef de la police, Berryer, par le curé de Saint-Médard, sa paroisse. Le curé écrivait à l'homme de police : « Diderot loge chez un certain Guillotte; il débite contre Jésus-Christ et contre la Vierge des blasphèmes que je n'ose mettre par écrit; M. de Marville à qui j'en fis la première ouverture, quelque temps avant qu'il quittât la police, convint qu'il fallait agir promptement, quoiqu'avec ménagement. Permettez-moi, monsieur, de vous demander la même grâce. »

Diderot fut mis en liberté le 3 novembre 1749. Il avait été arrêté le 24 juillet. Il passa donc en prison trois mois et dix jours. Il fut tenu vingt-huit jours au secret. Le gouverneur du château de Vincennes était alors le marquis du Châtelet, qui chercha à lui rendre sa captivité la moins pénible et la plus commode qu'il lui fut possible. Ainsi il lui permit de recevoir sa femme, et Delort assure que M. du Châtelet lui accorda même plusieurs fois l'autorisation de sortir, la nuit, pour aller voir, à Paris, M{ᵐᵉ} de Puisieux. C'est dans une de ces sorties que Diderot put constater son infidélité.

Pendant le temps qu'il passa au donjon, il trouva moyen de charmer un peu son ennui — il avait dans sa poche un cure-dents, il en fit une plume; il détacha de l'ardoise à côté de la fenêtre, la broya, la délaya dans du vin; son gobelet cassé lui fit une écritoire, et, ayant un volume du *Paradis perdu*, de Milton, il en remplit les feuillets blancs et les interlignes de réflexions sur sa position et de notes sur le poème.

Transféré du donjon au château, prisonnier sur parole, avec le parc pour lieu de promenade, sa femme put venir le rejoindre, et il demeura ainsi trois mois, après lesquels il fut remis en liberté, sans autre procédure.

Pendant qu'il était en prison, Rousseau, alors son ami, vint le voir. Diderot lui donna des conseils sur la manière de traiter la question proposée par l'Académie de Dijon : *Le rétablissement des sciences et des arts a-t-il contribué à épurer les mœurs ?*

C'est aussi Diderot qui a fourni à Rousseau le principal morceau du *Discours sur l'inégalité*. Ils étaient alors intimement liés et cependant ils finirent par se brouiller après une amitié de dix-sept ans. « Le sujet réel de leur brouillerie, dit Mme de Vandeul, est impossible à raconter : c'est un tripotage de société où le diable n'entendrait rien. Si quelqu'un peut deviner quelque chose de ce grimoire, c'est M. de Grimm ; s'il n'en sait rien personne n'expliquera jamais cette affaire. »

Ils eurent des torts réciproques, mais tout fait croire que les premiers vinrent du caractère défiant et soupçonneux de Rousseau.

« En rompant avec Diderot, lisons-nous au livre X des *Confessions*, j'ai toujours conservé dans l'âme de l'attachement pour lui, même de l'estime, et du respect pour notre ancienne amitié, que je sais avoir été longtemps aussi sincère de sa part que de la mienne. Je le crois moins méchant qu'indiscret et faible. C'est tout autre chose avec Grimm, homme faux par caractère, *qui ne m'aima jamais*, qui n'est même pas capable d'aimer, et qui, de gaieté de cœur, sans aucun sujet de plainte, et seulement pour contenter sa noire jalousie, s'est fait sous le masque mon plus cruel calomniateur. »

On a vu que Mme de Vandeul elle-même n'a jamais su les motifs de la brouille de son père avec Rousseau. « Tout ce que j'ai entrevu de clair dans cette histoire, c'est que mon père a donné à Rousseau l'idée de son *Discours sur les Arts*, qu'il l'a revu et peut-être corrigé; qu'il lui a prêté de l'argent plusieurs fois... » Il ne faut peut-être pas chercher plus loin les raisons de la brouille.

Jusqu'ici les ouvrages les plus importants de Diderot, à part ses traductions de l'anglais, sont les *Pensées philosophiques* (1746) et la *Lettre sur les Aveugles à l'usage de ceux qui voient* (1749).

Diderot a trente-six ans, et il n'a encore presque rien fait pour sa gloire. Sa grande œuvre, son monument public, son titre devant la postérité va l'occuper désormais : c'est l'*Encyclopédie*, où il va déployer, pendant près de trente ans, toute la force de son génie et la puissante variété de ses facultés prodigieuses.

Rassembler dans un seul ouvrage toutes les connaissances humaines, juger le passé au point de vue de la science moderne, lier ensemble, par la confraternité d'un même travail, les talents les plus divers, en former un faisceau formidable qui pût briser toutes les résistances des anciennes opinions, telle fut la pensée qui inspira Diderot quand il résolut de fonder l'*Encyclopédie*.

Son but n'était pas seulement de montrer à l'esprit humain l'étendue de sa puissance, en déroulant le tableau de ses richesses, mais d'achever, en traitant librement de toute science, l'émancipation de la raison commencée, en France, par la révolution cartésienne, et en insistant surtout sur les théories qui peuvent se traduire en actes.

L'*Encyclopédie*, ce résumé complet des idées auxquelles l'intelligence humaine était arrivée au XVIIIe siècle, ne devait être à l'origine qu'une traduction revue et augmentée du Dictionnaire anglais de Chalmers. Diderot, en l'entreprenant, ne songeait qu'à nourrir sa femme et ses enfants. Il aurait préféré employer ses talents d'une manière plus conforme à ses goûts. « Combien de démarches, dit-il, auxquelles on se résout pour sa femme et pour ses enfants et qu'on dédaignerait pour soi. Je rencontre sur mon chemin une femme belle comme un ange, j'en ai quatre enfants, et me voilà forcé d'abandonner les mathématiques que j'aimais, Homère et Virgile que je portais toujours dans ma poche, le théâtre pour lequel j'avais du goût, trop heureux d'entreprendre l'*Encyclopédie* à laquelle j'aurai sacrifié vingt-cinq ans de ma vie. » Et encore : « J'ai été forcé toute ma vie de suivre des occupations auxquelles je n'étais pas propre, et de laisser de côté celles où j'étais appelé par mon goût, mon talent et quelque espérance de succès. Je me crois passable moraliste, parce que cette science suppose un peu de justesse dans l'esprit, une âme bien faite, de fréquents soliloques et la sincérité la plus rigoureuse avec soi-même. »

Avec sa fougue ordinaire, cependant, il s'éprit bien vite de son idée, l'étendit, la féconda, et résolut de faire de l'*Encyclopédie* le répertoire universel de la science à son époque. Il fut seul l'architecte de cette grande construction collective, où il sema mille pages étincelantes ; et lui, qu'on accuse parfois de n'avoir pas eu la patience nécessaire aux sujets qui demandent du temps et un long loisir, il eut, malgré les persécutions continuelles du pouvoir, malgré l'acharnement des dévots, la pusillanimité des libraires, le retrait de quelques-uns de ses meilleurs collaborateurs, il eut le courage persévérant d'élever jusqu'au faîte et de terminer, à lui seul, ce grand édifice.

Et quand on vient, encore de nos jours, lui reprocher de s'être dispersé, d'avoir gaspillé son génie en mille *petits papiers* et mille *feuilles volantes*, sans avoir laissé un chef-d'œuvre, on oublie ce chef-d'œuvre qui s'appelle l'*Encyclopé-*

die, on oublie que lui seul pouvait avoir l'audace, le génie nécessaires à un pareil ouvrage et qu'il lui était impossible de faire un plus utile, un plus digne et plus mémorable emploi de ses facultés qu'en les vouant, comme il l'a fait, à cette œuvre immense.

Diderot suffit à cette tâche par l'universalité de ses connaissances, par cette facilité multiple qu'il avait acquise de bonne heure et grâce encore à ce talent moral de rallier autour de lui, d'inspirer et d'exciter ses collaborateurs. Au témoignage de Grimm, s'il y eut jamais une capacité d'esprit propre à recevoir et à féconder toutes les idées et toutes les connaissances humaines, ce fut celle de Diderot. C'était, dit-il, la tête la plus naturellement encyclopédique qui ait peut-être jamais existé. Métaphysique subtile, calcul profond, recherches d'érudition, conception poétique, goût des arts et de l'antiquité, quelque divers que fussent tous ces objets, son attention s'y attacha avec le même intérêt, avec la même facilité.

Une grande révolution s'accomplissait alors dans les sciences. On commençait alors à appliquer la méthode expérimentale d'observation à l'étude de l'homme et à la morale. Diderot, de son œil d'aigle, vit la portée de cette révolution philosophique et il y contribua de toutes ses forces. Enfin, c'est au nom de l'humanité méconnue et mieux comprise, et d'une juste commisération pour ses semblables, qu'il aborde la critique ferme et l'analyse destructive des doctrines anciennes qu'il fallait écraser pour faire place à la science, au progrès et à la civilisation modernes.

L'Encyclopédie ne fut pas un monument pacifique, une tour silencieuse de cloître avec des savants et des penseurs de toute espèce distribués à chaque étage. Elle ne fut pas une pyramide de granit à base immobile. On l'a comparée à l'impie Babel. — J'y verrais plutôt, dit Sainte-Beuve, une de ces tours de guerre, de ces machines de siège, énormes, gigantesques, merveilleuses, comme en décrit Polybe, comme en imagine Le Tasse. L'ordre pacifique de Bacon y est façonné en catapulte menaçante. Il y a des parties inégales, ruineuses; des fragments cimentés et indestructibles. Les fondations ne plongent pas en terre : l'édifice roule, il est mouvant, il tombera; mais qu'importe! « la statue de l'architecte restera debout au milieu des ruines, et la pierre qui se détachera de la montagne ne la brisera point, parce que les pieds n'en sont point d'argile. »

Inventaire complet mais un peu diffus des connaissances humaines, œuvre lumineuse en certaines parties, mais où la fumée se mêle parfois à la flamme, l'*Encyclopédie* fut en somme un des plus généreux et des plus grands efforts de la nation française.

Conduite, dirigée et entraînée par l'ardeur communicative du chef et principal ouvrier de l'entreprise, elle s'enrichit des trésors de son érudition aussi variée qu'inépuisable.

Les persécutions contre l'œuvre et contre l'architecte ne manquèrent pas : elles furent fréquentes, ou, pour mieux dire, incessantes jusqu'à la fin.

A peine les deux premiers volumes avaient-ils paru (1751-1752) que, sur la dénonciation des théologiens — jésuites et jansénistes ensemble — ils furent supprimés par un arrêt du Conseil.

Diderot, qui avait réussi à obtenir l'assentiment et la protection du chancelier d'Aguesseau avant de commencer son entreprise, eut alors recours à Malesherbes, libéral directeur de la librairie, et à ce ministre d'Argenson qui l'avait fait emprisonner à Vincennes. L'opinion publique lui était hautement favorable. La publication put donc se reprendre et continuer au prix de ménagements que d'Alembert croyait nécessaires et qui faisaient bondir Diderot et Voltaire.

Malgré ces précautions, l'*Encyclopédie* attaquée, injuriée, dénoncée par les dévots, fut de nouveau suspendue après le septième volume, publié en 1757. Elle fut frappée par un arrêt du Parlement qui en défendit le débit, et par un arrêt du Conseil, de mars 1759, qui retira aux éditeurs leur privilège.

C'est alors, — l'*Encyclopédie* étant arrêtée pour la seconde fois, — que M. de Malesherbes prévint Diderot qu'il donnerait le lendemain l'ordre d'enlever ses papiers.

— Ce que vous m'annoncez là me chagrine horriblement. Jamais je n'aurai le temps de déménager tous mes manuscrits, et d'ailleurs il n'est pas facile de trouver, en vingt-quatre heures, des gens qui veuillent s'en charger et chez qui ils soient en sûreté.

— Envoyez-les chez moi, lui répondit M. de Malhesherbes, l'on ne viendra pas les y chercher.

En effet, Diderot envoya ses manuscrits chez le directeur même de la librairie, chez celui qui en ordonnait la saisie. Singulier temps !

Cependant, las de ces persécutions et de ces alertes continelles, d'Alembert, découragé, se retire après la publication du huitième volume et Diderot reste seul chargé de la tâche au moment qu'elle devient la plus lourde et la plus dangereuse.

L'avocat général Séguier le défère au Parlement qui nomme des commissaires pour censurer l'ouvrage, sur le réquisitoire d'Omer Joly de Fleury, et le conseiller Denis Pasquier déclare en plein Parlement : *qu'on a assez brûlé les livres des philosophes et qu'il serait temps de brûler les philosophes eux-mêmes.*

Dans ces circonstances, le 23 juillet 1766, Voltaire écrit à Diderot : « On ne peut s'empêcher d'écrire à Socrate, quand les Mélitus et les Anitus se baignent dans le sang et allument des bûchers. Un homme tel que vous ne doit voir qu'avec horreur le pays où vous avez le malheur de vivre. Croyez-moi, il faut que les sages qui ont de l'humanité se rassemblent loin des barbares insensés. » Et il lui conseille de venir le rejoindre ou d'aller s'établir en Hollande ou en Russie. En même temps, il lui fait remettre un mémoire détaillé pour lui exposer les périls qui le menacent et pour le décider à fuir.

Diderot lui répond : « Je sais bien que quand une bête féroce a trempé sa langue dans le sang humain, elle ne peut plus s'en passer;

je sais bien que cette bête manque d'aliments et qu'elle va se jeter sur les philosophes; je sais bien qu'elle a jeté les yeux sur moi et que je serai peut-être le premier qu'elle dévorera; je sais bien qu'il peut arriver avant la fin de l'année que je me rappelle vos conseils, et que je m'écrie : O Solon ! Solon !... Mais que voulez-vous que je fasse de l'existence, si je ne puis la conserver qu'en renonçant à tout ce qui me la rend chère? Et puis, je me lève tous les matins avec l'espérance que les méchants se sont amendés pendant la nuit, qu'il n'y a plus de fanatiques. Si j'avais le sort de Socrate, songez que ce n'est pas assez de mourir comme lui pour mériter de lui être comparé. Si nous ne concourons pas avec vous pour écraser la bête, c'est que nous sommes sous sa griffe, et si, connaissant toute sa férocité, nous balançons à nous en éloigner, c'est par des considérations dont le prestige est d'autant plus fort qu'on a l'âme plus honnête et plus sensible. Nos entours sont si doux, et c'est une perte si difficile à réparer ! »

Sur ces entrefaites survient la découverte qu'il fait d'altérations graves commises après le *bon à tirer*, par la prudence sournoise du libraire Le Breton, dans le but d'adoucir les nombreux passages qu'il trouvait dangereux ou trop hardis[1].

La colère et l'indignation douloureuses de Diderot éclatent dans une lettre éloquente du 12 novembre 1764 que nous donnerons tout entière.

Quelle douleur et quelle colère furent jamais plus légitimes !

Quoi ! Diderot se prodigue pour l'*Encyclopédie* avec une générosité sans mesure; il lui donne sans compter son temps, son travail, son repos, ses veilles; il a la charge et la responsabilité de cette entreprise immense, de cette œuvre gigantesque à laquelle il consacre sa vie entière pour un profit mesquin et pour une gloire tout impersonnelle et mêlée; il y fait, à lui seul, l'*Histoire de la philosophie* et la *Description des arts mécaniques* pour laquelle il corrige trois ou quatre mille planches qu'il a fait dessiner sous ses yeux; il donne à ce monument public, — entrepris avec enthousiasme, poursuivi malgré tout, avec une noble et ferme constance, — son zèle désintéressé, tout son dévoue-

---

[1] L'éditeur Le Breton venait d'être mis à la Bastille (1764) pour avoir envoyé vingt-cinq exemplaires à des souscripteurs de Versailles, après la révocation de son privilège. Son emprisonnement ne dura que huit jours, mais il l'avait singulièrement effrayé.

ment; il veut rassembler dans ce grand ouvrage l'universalité de la science, en la distribuant sous sa forme la plus commode et la plus populaire; — il veut transporter dans l'étude des questions morales la méthode expérimentale d'observation d'où dépend leur transformation radicale et leur progrès : il a conscience de cette révolution qu'il commence, il prévoit ses heureuses et lointaines conséquences... et il voit son ouvrage mutilé par son libraire, par l'éditeur lui-même qui devait le défendre et le protéger !

« Vous m'avez lâchement trompé deux ans de suite, écrit-il; vous avez massacré ou fait massacrer par une bête brute le travail de vingt honnêtes gens qui vous ont consacré leur temps, leurs talents et leurs veilles gratuitement, par amour du bien et de la vérité, et sur le seul espoir de voir paraître leurs idées et d'en recueillir quelque considération qu'ils ont bien méritée, et dont votre injustice et votre ingratitude les auront privés.

« Vous m'aurez pu traiter avec une indignité qui ne se conçoit pas, mais en revanche, vous risquez d'en être sévèrement puni; vous avez oublié que ce n'est pas aux choses courantes, sensées et communes, que vous deviez vos premiers succès; qu'il n'y a peut-être pas deux hommes dans le monde qui se soient donné la peine de lire une ligne d'histoire et de géographie, de mathématiques et même d'arts, et que ce qu'on y a recherché et y recherchera, c'est la philosophie ferme et hardie de quelqu'un de vos travailleurs. Vous l'avez châtrée, dépecée, mutilée, mise en lambeaux, sans jugement, sans ménagement et sans goût. Vous nous avez rendus insipides et plats. Vous avez banni de votre livre ce qui en a fait, ce qui en aurait fait encore l'attrait, le piquant, l'intéressant et la nouveauté. Voilà donc ce qu'il résulte de vingt-cinq ans de travaux, de peines, de dépenses, de dangers, de mortifications de toute espèce! Un inepte, un Ostrogoth détruit tout en un moment; je parle de votre boucher, de celui à qui vous avez remis le soin de nous démembrer. Il se trouve à la fin que le mépris, la honte, le discrédit, la ruine, la risée nous viennent du principal propriétaire de la chose! Quand on est sans énergie, sans vertu, sans courage, il faut se rendre justice et laisser à d'autres les entreprises périlleuses. »

Et Diderot ajoute en *post-scriptum* : « Vous exigez que j'aille chez vous, comme auparavant, revoir les épreuves. Vous ne savez ce que vous voulez. Vous ne savez pas combien de mépris vous aurez à digérer de ma part; *je suis blessé pour jusqu'au tombeau.* »

De ce coup, mon père, dit Mᵐᵉ de Vandeul, faillit tomber malade, et il voulut abandonner l'ouvrage. Puis, avec le temps, sans se consoler, il se calma; *mais jamais il n'en parla froidement.*

L'*Encyclopédie*, qui, en dépit de ces odieuses et maladroites mutilations, fit la fortune du libraire, ne fit pas celle de Diderot. Il reçut deux mille cinq cents francs pour chacun des dix-sept volumes que compose l'ouvrage, plus une somme de dix mille francs. Qu'est-ce que cela relativement à la somme de travail que lui coûta ce dictionnaire immense et qu'il lui consacra pendant trente ans? Principal ouvrier et directeur unique de cette grande entreprise, il resta à côté d'elle, et toute sa vie, près du besoin; obligé de travailler sans relâche pour subvenir aux besoins de sa famille[1].

Diderot, dit Sainte-Beuve, dans une distraction permanente, dispersa ses immenses facultés sous toutes les formes et par tous les pores. La

---

(1) Malgré les soins et le travail qu'il donnait à l'*Encyclopédie*, Diderot trouva le temps de faire représenter deux drames : *le Fils naturel* (1757) qui eut peu de succès, et *le Père de famille*, qui réussit l'année suivante (1758).

gêne et le besoin, une singulière facilité de caractère, une excessive prodigalité de vie et de conversation, la camaraderie encyclopédique, tout cela soutira continuellement le plus métaphysicien et le plus artiste des génies de cette époque. Grimm, dans sa *Correspondance littéraire* ; d'Holbach, dans ses *Prédications d'athéisme* ; Raynal, dans son *Histoire des deux Indes*, détournèrent à leur profit plus d'une féconde artère de ce grand fleuve dont ils étaient riverains. Diderot, bon qu'il était par nature, prodigue parce qu'il se sentait opulent, tout à tous, se laissait aller à cette façon de vivre; content de produire des idées, il se souciait peu de leur usage, il se livrait à son penchant intellectuel et ne tarissait pas. Sa vie se passa de la sorte, à penser d'abord, à penser surtout et toujours, puis à parler de ses pensées, à les écrire à ses amis, à ses maîtresses ; à les jeter dans des articles de journal, dans des articles d'encyclopédie, dans des romans imparfaits, dans des notes, dans des mémoires sur des points sociaux ; lui, le génie le plus synthétique de son siècle, il ne laissa pas de monument.

On ne saurait trop insister sur sa complaisance et sa bonté généreuse. Son temps, sa peine et ses idées furent, toute sa vie, au service des autres. Mme de Vandeul raconte qu'ayant rendu service à un chevalier d'industrie, nommé Rivière, celui-ci veut le remercier, et en le quittant, lui dit : « Monsieur Diderot, savez-vous l'histoire naturelle ? — Mais un peu ; je distingue l'aloès d'une laitue, et un pigeon d'un colibri. — Savez-vous l'histoire du *formica leo?* — Non. — C'est un petit insecte très industrieux ; il creuse dans la terre un trou en forme d'entonnoir, il le couvre à la surface avec un sable fin et léger ; il y attire les insectes étourdis, il les prend, il les suce ; puis il leur dit : Monsieur Diderot, j'ai l'honneur de vous souhaiter le bonjour. »

Mon père rit comme un fou de cette aventure. Quelque temps après, il sort ; un orage l'oblige d'entrer dans un café ; il y trouve Rivière ; cet homme s'approche, et lui demande comment il se porte. « Éloignez-vous, lui dit mon père ; vous êtes un homme si méchant et si corrompu, que si vous aviez un père riche, je ne le croirais pas en sûreté dans la même chambre avec vous.

— Hélas ! malheureusement, je n'ai point de père riche.

— Vous êtes un abominable homme.

— Allons donc, philosophe, vous prenez tout au tragique ! »

Vers la fin, jetant un regard en arrière, il disait, avec un soupir : Je sais, à la vérité, un assez grand nombre de choses, mais il n'y a presque pas un homme qui ne sache sa chose beaucoup mieux que moi. Cette médiocrité dans tous les genres est la suite d'une curiosité effrénée et d'une fortune si modique, qu'il ne m'a jamais été permis de me livrer tout entier à une seule branche de la connaissance humaine. J'ai été forcé toute ma vie de suivre des occupations auxquelles je n'étais pas propre et de laisser de côté celles où j'étais appelé par mon goût. — Le sacrifice des talents, disait-il encore, serait moins commun s'il n'était question que de soi; on se résoudrait plutôt à boire de l'eau, à manger des croûtes et à suivre son génie dans un grenier; mais pour une femme et des enfants, à quoi ne se résoudrait-on pas? Si j'avais à me faire valoir, je ne leur dirais pas : J'ai travaillé trente ans pour vous; mais je leur dirais : « J'ai renoncé pendant trente ans pour vous à ma vocation de nature. »

Diderot fut écarté de l'Académie par le roi Louis XV.

L'entrée de Diderot à l'Académie était alors la grande préoccupation de Voltaire. Il en écrit à tout le monde : à d'Alembert, à d'Argental, à Duclos, à Mme d'Épinay ; il veut même gagner à sa cause Mme de Pompadour. Il lui écrit : « Vous aurez l'honneur d'avoir fait cesser la persécution, d'avoir vengé la littérature, et d'avoir assuré le repos d'un des plus estimables hommes du monde, qui, sans doute, est votre ami. » Il indique comment Diderot devrait s'y prendre.

« Diderot, dit-il, a trois mois pour adoucir les dévots.

« Qu'on l'introduise chez Mme... ou Mme... ou Mme... lundi ; qu'il prie Dieu avec elle mardi ; qu'il couche avec elle mercredi ; et puis, il entrera à l'Académie tant qu'il voudra et quand il voudra.

« Comptez qu'on est très bien disposé à l'Académie. Je recommande surtout le secret. Que Diderot ait seulement une dévote dans sa manche ou ailleurs, et je réponds du succès. »

Le zèle de Voltaire et ses pressantes sollicitations furent en pure perte, parce que le roi, pressenti à ce sujet, déclara qu'il ne sanctionnerait pas la nomination de Diderot : *Il a trop d'ennemis*, dit Louis XV.

Malgré sa pauvreté, Diderot était très libéral, très généreux, et il eût volontiers été prodigue : « Il ne se refusait pas un livre. Il avait des fantaisies d'estampes, de pierres gravées, de miniatures; il donnait ces chiffons le lendemain du jour qu'il les avait achetés. » Il n'est pas étonnant qu'avec de tels goûts et les dépenses auxquelles il était obligé de pourvoir, Diderot n'ait pu rien amasser.

« Ce fut en 1765 que Diderot résolut de vendre ses livres, pour en faire la dot de sa fille, ou pour se rassurer du moins sur le sort qui pouvait l'attendre après lui [1].

Par l'intermédiaire de Grimm, il fit proposer à Catherine d'acheter sa bibliothèque dont il fixa le prix à 15,000 francs. Grimm transmit la proposition au général Betzky qui avait connu Diderot à Paris. Le général répondit que l'impératrice n'avait pu voir sans émotion que « ce philosophe si célèbre dans la république des lettres, se trouve dans le cas de sacrifier à la tendresse paternelle l'objet de ses délices, la source de ses travaux et les compagnons de ses loisirs »; qu'elle acceptait le prix fixé par Dide-

---

(1) V. la lettre de la *Biblioth. Nationale*, autographes, f. 31.
« La difficulté de pourvoir aux besoins de la vie et l'impossibilité de pourvoir à l'éducation d'un enfant avec une fortune aussi bornée que la mienne, avaient enfin déterminé le père et l'époux à dépouiller l'homme de lettres de ses livres. Il y avait longtemps que je cherchais parmi mes concitoyens quelqu'un qui voulût les acquérir, lorsqu'on en a fait la proposition à l'impératrice de Russie qui a accepté ma bibliothèque et qui m'en a fait délivrer le prix à condition que j'en resterais le dépositaire... »

rot, ne mettant à l'achat de ses livres qu'une condition, c'est que Diderot en resterait le « dépositaire » avec une pension annuelle de 1,000 francs. Cette pension, oubliée à dessein, ne fut point payée pendant deux ans. Le prince de Galitzin, ambassadeur de Russie, demanda alors à Diderot s'il la recevait exactement. Il lui répondit qu'il n'y pensait pas; qu'il était trop heureux que l'impératrice eût bien voulu acheter sa boutique et lui laisser ses outils. Le prince l'assura que ce n'était sûrement pas l'intention de sa souveraine. En effet, quelque temps après l'impératrice lui manda que, pour le garantir à l'avenir d'un pareil oubli, elle lui envoyait cinquante années d'avance, et il reçut cinquante mille francs [1]. Il conçut alors le projet d'aller en Russie pour exprimer de vive voix à l'impératrice sa reconnaissance.

(1) Dans un article de la *Revue des Deux Mondes*, du 1ᵉʳ février 1877, article intitulé : *Catherine II et ses Correspondants français*, M. Rambaud montre quel grand service l'impératrice rendit alors à Diderot, âgé alors de quarante-deux ans; il n'avait publié que l'*Essai sur le mérite*, les *Pensées philosophiques*, condamnées au feu par le Parlement : la *Lettre sur les aveugles*, qui le fit mettre à la Bastille, et les premiers volumes de l'*Encyclopédie*, qui lui attirèrent les arrêts du Conseil. « La protection de la czarine l'arrache à ses persécuteurs, lui assure l'aisance, le repos de l'esprit. C'est sous ses auspices, en quelque sorte, qu'il publie ses autres écrits. Catherine put se dire que le xviiiᵉ siècle lui devait peut-être Diderot. »

Ce n'est pas qu'il aimât les voyages ; il se trouvait bien à Paris, où il se sentait estimé, aimé de tous ses confrères et de tous les artistes et savants ; à Paris, où il vivait heureux, sensible à cette multitude de distractions si variées qui venaient chaque matin au-devant de lui. Il vivait tranquille, malgré les gens qui voulaient l'envoyer au Fort-l'Évêque. « Il n'y a pas, disait-il en parlant de Paris, de lieu au monde où le génie obtienne plus promptement et plus pleinement qu'ici le tribut de la considération. Le ministère écrase, mais la nation porte aux nues. »

Comme il avait empêché Diderot d'entrer à l'Académie, Louis XV faillit s'opposer à son voyage en Russie. Étant un soir à souper chez la Dubarry, on lui parla de ce prochain voyage de Diderot à Pétersbourg.

— Que va-t-il faire là-bas? dit-il. Je ne le croyais pas assez riche pour entreprendre un pareil voyage. — Il n'y va pas de ses deniers, répondit le prince de Soubise ; c'est Sa Majesté l'impératrice qui paie les frais — Que veut donc de lui l'impératrice? Vous ne m'aviez point parlé de cela, monsieur d'Aiguillon. — Sire, je n'ai rien vu de diplomatique dans ce voyage.

Louis XV mécontent poursuivit : « Diderot

est l'ambassadeur de la clique des philosophes qui va réjouir l'étranger à mes dépens; il n'a jamais mis le pied au château, et il racontera cent horreurs de ma vie privée; il dira du mal de moi lorsqu'il verra qu'on a du plaisir à en entendre dire... « Le duc de Duras dit qu'il fallait empêcher Diderot d'aller en Russie. La Vrillière était prêt à expédier une lettre de cachet. Louis XV lui dit : « Gardez-vous-en bien, vous me brouilleriez à mort avec l'impératrice; elle désire Diderot; eh bien, qu'il parte. Ces souverains étrangers ont aujourd'hui la rage de prendre en France nos objets de mode et nos gens de lettres; passe pour les premiers, mais les seconds!... Qu'il aille donc en Russie, mais tant que je vivrai, ce Diderot n'entrera pas à l'Académie; je n'y veux plus de philosophes, d'athées; il y en déjà assez comme cela [1]. »

De son côté, en 1774, Grimm écrit de Pétersbourg au comte de Nesselrode : « Celui qui a dit qu'on s'est opposé en France au voyage de Denis n'a pas menti, mais il a dit une chose qui n'est pas. M. le duc d'Aiguillon, depuis qu'il est ministre, s'est toujours piqué de s'intéresser à Denis, et, à son départ, il lui a dit que non seu-

---

(1) Bibliothèque municipale de la Rochelle. *Recueil manuscrit de notes et dissertations*, 2 vol., t. I, fol. 5.

lement il consentait à ce voyage, mais qu'il l'approuvait. »

Diderot quitta Paris le 21 mai 1773.

La veille de son départ, raconte Devaines, j'allai recevoir ses adieux.

Il accourut, me mena dans son cabinet, les larmes aux yeux. Là, d'une voix étouffée par les sanglots, il me dit : « Vous voyez un homme au désespoir ! Je viens de subir la scène la plus cruelle pour un père et pour un époux. Ma femme... Ma fille... Ah ! comment me séparer d'elles après avoir vu leur douleur déchirante ! Nous étions à table, moi entre elles deux : point d'étrangers, comme vous pensez bien. Je voulais leur donner, et ne donner qu'à elles, ces derniers moments. Quel dîner, quel spectacle de désolation ! jamais on ne verra rien de pareil dans l'intérieur du foyer domestique. Nous ne pouvions ni parler, ni manger : notre désespoir nous suffoquait. Ah ! mon ami, qu'il est doux d'être aimé par des êtres si tendres, mais qu'il est affreux de les quitter ! Non, je n'aurai point cet abominable courage. Qu'est-ce que les cajoleries de la grandeur auprès des épanchements de la nature ? je reste, j'y suis décidé ; je n'abandonnerai pas ma femme et ma fille ; je ne serai pas leur bourreau : car, mon ami, voyez-vous bien, mon départ leur donnerait la mort. »

Et le philosophe me couvrait de ses larmes qui commençaient à m'attendrir lorsque nous vîmes entrer Mᵐᵉ Diderot, et la scène changea. Il me semble qu'elle est encore là sous mes yeux, cette femme impayable, avec son petit bonnet, sa robe à plis, sa figure bourgeoise, ses poings sur les côtés et sa voix criarde :

— « Eh bien, eh bien ! monsieur Diderot, s'écria-t-elle, que faites-vous là ? Vous perdez votre temps à conter des balivernes, et vos paquets, vous les oubliez. Vous devez pourtant partir de grand matin ; mais bon ! Vous êtes toujours occupé à faire des phrases éternelles, et les affaires deviennent ce qu'elles peuvent. Voilà ce que c'est aussi que d'être allé dîner dehors, au lieu de rester en famille. Vous aviez tant promis de n'en rien faire ! mais tout le monde vous possède, excepté nous. Ah ! quel homme ! quel homme ! »

« Cette petite tempête de ménage survenue à propos pour éteindre le feu d'artifice tiré par mon cher ami, excita en moi une hilarité difficile à décrire, j'ignore comment se termina la fête, car je m'enfuis sans attendre le bouquet.

« Le lendemain j'appris sans étonnement que l'infortuné avait quitté Paris, avec une héroïque résignation, et que la famille ne s'était jamais mieux portée. »

Parti de Paris au mois de mai 1773, Diderot, par suite d'un séjour à La Haye et d'une maladie à Duisbourg, n'atteignit Saint-Pétersbourg qu'au mois d'octobre suivant. Il voulait seulement remercier l'impératrice, et ne comptait que sur une audience d'arrivée et sur une audience de congé. A peine présenté, il devint, au contraire, l'hôte assidu, indispensable du cabinet de l'impératrice, et il ne passa pas un seul jour, durant cinq mois, où il n'eût avec elle de longs entretiens. On n'a su qu'en 1883, que Diderot résumait chaque jour, tantôt des observations sur la vie et la politique russes, tantôt quelques réminiscences de ses conversations avec Catherine II. Le tout forme un gros volume in-4°, de plus de quatre cents pages de sa plus fine écriture.

Catherine fut heureuse de voir Diderot et de causer avec lui. Elle écrit à son « bon protecteur » Voltaire : « Je le vois très souvent; nos conversations ne finissent pas. C'est une tête bien extraordinaire !... La trempe de son cœur devrait être celle de tous les hommes. Je ne sais s'ils (Grimm et Diderot) s'ennuient beaucoup à Pétersbourg; mais, pour moi, je leur parlerais toute ma vie sans me lasser. »

Diderot voyait l'impératrice tous les jours; il appréciait le talent qu'elle avait de mettre tout le monde à son aise. Il garda toujours auprès d'elle son franc-parler, et, dans leurs entretiens, le langage de l'impératrice s'éleva parfois à la hauteur de l'esprit qui l'animait lui-même. « Allez toujours, lui disait-elle, quand elle le voyait, par hasard, hésiter dans quelque liberté de propos, *entre hommes*, tout est permis. » Il ne craignait pas de montrer devant elle son amour de la liberté et d'attaquer vigoureusement les gouvernements despotiques. Un jour qu'il les avait accusés, avec beaucoup de véhémence, de rétrécir les esprits et d'étouffer les grandes idées, Catherine, qui l'avait écouté avec attention, lui dit : « Je n'ai jamais rien entendu de vous qui m'ait fait autant de plaisir; mais oseriez-vous dire tout cela à Paris? » — Non, madame, répondit le philosophe; mais j'ai remporté l'âme d'un homme libre dans la contrée qu'on appelle des esclaves.

Ils disputaient souvent, raconte Mlle de Lespinasse. Un jour que la dispute s'anima plus fort, la czarine l'arrêta en disant : « Vous voilà trop échauffé pour avoir raison; vous avez la tête vive; moi je l'ai chaude, arrêtons-nous, nous ne saurions plus ce que nous dirions. — Avec cette différence, répliqua Diderot, que vous pourriez dire tout ce qu'il vous plairait sans inconvénient, et que moi je pourrais vous manquer. — Oh, fi donc! reprit la czarine, *est-ce qu'il y a quelque différence entre les hommes?* »

Un autre jour, comme il s'entretenait avec elle des moyens de civiliser les Russes, et lui disait que la propreté était un des caractères de la civilisation, et qu'il serait difficile d'y accoutumer les Moujicks : « Ah! dit Catherine, leur âme n'est que locataire : *Comment voulez-vous qu'elle prenne soin de sa maison?* »

Le ton de ces entretiens, on le voit, était, de part et d'autre, une familiarité cordiale. Diderot s'échauffait promptement, prenait la main de la souveraine, et « tapait sur la table tout comme s'il eût été dans la synagogue de la rue Royale ». Ce n'était pas seulement sur la table qu'il tapait, on sait qu'il faisait de grands gestes. « Votre Diderot, écrivait Catherine à Mme Geoffrin, est un homme bien extraordinaire : je ne me tire pas de mes entretiens avec lui, sans avoir *les cuisses meurtries et toutes noires;* j'ai été obligée de mettre une table entre lui et moi, pour me mettre, moi et mes membres, à l'abri de ses gesticulations. »

Catherine écoutait Diderot, mais elle ne croyait

pas praticables toutes les belles réformes qu'il lui proposait :

« Si je l'avais cru, tout aurait été bouleversé dans mon empire, administration, politique, finances, j'aurais tout renversé pour y substituer ses théories.

« Cependant, comme je l'écoutais plus que je ne parlais, un témoin qui serait survenu, nous aurait pris tous deux, lui pour un sévère pédagogue et moi pour son humble écolière. Probablement il le crut lui-même ; car, au bout de quelque temps, voyant qu'il ne s'opérait dans mon gouvernement aucune des grandes innovations qu'il m'avait conseillées, il m'en montra sa surprise avec une sorte de fierté mécontente.

« Alors, lui parlant franchement, je lui dis : « Monsieur Diderot, j'ai entendu avec le plus grand plaisir tout ce que votre brillant esprit vous a inspiré ; mais vous oubliez, dans vos plans de réforme, la différence de nos deux positions ; vous, vous ne travaillez que sur le papier qui souffre tout ; tandis que moi, pauvre impératrice, je travaille sur la peau humaine qui est autrement irritable et chatouilleuse.

« Je suis persuadée que dès lors il me prit en pitié, me regardant comme un esprit étroit et vulgaire. Dès ce moment, il ne me parla plus que de littérature, et la politique disparut de nos entretiens. » En même temps qu'il suggérait à l'impératrice les réformes qui lui paraissaient nécessaires pour civiliser la Russie, Diderot n'oubliant pas qu'il était Français, donnait à sa mission volontaire un caractère patriotique. Il fit voir à Catherine II le danger de l'alliance de la Russie avec le roi de Prusse, et l'utilité de l'alliance française. Notre ministre plénipotentiaire à Pétersbourg avait alors mission de « détruire les préjugés personnels qui paraissaient avoir occasionné l'éloignement de deux cours ». Il chargea Diderot de plaider, auprès de Catherine, la cause de la France, et Diderot s'en chargea si bien qu'il put dire : « Nous portons la plus belle haine au roi de Prusse; sur ce point, la cour et les philosophes sont d'accord. »

Dans la soirée d'adieux que Diderot passa avec Catherine, il y eut un moment où, sur une parole de bonté et d'amitié qu'elle lui adressa, il se mit à pleurer à chaudes larmes, et elle presque aussi, assure-t-il. Elle lui demanda ce qui pourrait lui être agréable, comme souvenir d'elle. Diderot la pria de lui donner quelque bagatelle qu'elle eût portée, et un homme qui pût le reconduire dans son pays. L'impératrice lui donna son portrait gravé sur une bague. Elle voulut de plus payer les frais de voyage, et elle ordonna elle-même tout ce qui pourrait faire la commodité et la sûreté de son retour.

Un officier de sa maison, M. Bala, fut chargé de l'accompagner. « C'était, dit Mᵐᵉ de Vandeul, une rude tâche que de conduire un être qui ne voulait s'arrêter ni pour dormir ni pour manger.

Il avait pris sa voiture pour une maison où il devait habiter depuis Pétersbourg jusqu'à La Haye.

Diderot recueillit à La Haye de nombreuses observations sur les finances, le commerce, l'administration et l'instruction publique, qu'il publia dans son *Voyage de Hollande*.

Tout en surveillant l'impression d'un manuscrit sur les nouveaux établissements faits en Russie, il employait ses loisirs de La Haye à faire une critique du livre *de l'Homme* d'Helvétius, et à de longues promenades avec un Allemand distingué, nommé Bornstahl, qui, dans ses mémoires, publiés en 1781, parle de Diderot avec le plus vif enthousiasme :

« Il est si agréable, si aimable dans sa conversation, si vif, si gai et si instructif en même temps, il a tant d'idées et de vues neuves, qu'on ne peut s'empêcher de l'admirer. »

Diderot fut de retour, à Paris, dans les premiers jours d'octobre 1774. « Compte mes nippes, dit-il à sa femme, tu n'auras point de motifs de me gronder. » En plus de ses nippes, il lui rapportait une superbe pelisse, un manchon et trois mille roubles que l'impératrice l'avait forcé d'accepter.

Le 15 mars 1774, Catherine annonce à Voltaire le départ de Diderot.

« Diderot, écrit-elle, est parti pour retourner à Paris ; nos conversations ont été très fréquentes, et sa visite m'a fait un très grand plaisir. On ne rencontre pas souvent de tels hommes. Il a eu de la peine à nous quitter : le seul attachement de sa famille l'a séparé de nous. »

Deux ans plus tard, Diderot eut occasion de voir, à Paris, une amie intime de l'impératrice, la princesse Daschkoff, laquelle a laissé de curieux et intéressants *Mémoires*, traduits en français par Alfred des Essarts. La princesse Daschkoff était femme de tête ; elle avait aidé Catherine dans son complot contre Pierre III ; elle aimait l'énergie, la force de volonté. Elle admirait Diderot, « même dans les débordements de sa nature enthousiaste ». Elle aimait son ardeur et sa sincérité.

Pendant son séjour à Paris, Mme Geoffrin et Mme Necker auraient bien voulu avoir la princesse Daschkoff à leurs soupers et la faire parler de cette mystérieuse conspiration qu'elle connaissait mieux que personne. Diderot, pensant qu'elle avait plus à perdre qu'à gagner au jugement de ces deux femmes, la dissuada d'y aller.

Dans les *Mémoires* de la princesse Daschkoff, ce qu'il y a de plus intéressant au point de vue qui nous occupe, c'est le portrait de la princesse par Diderot, et les trois lettres où il lui raconte le renvoi des Jésuites de Bretagne.

L'esprit de liberté, lui dit-il, est le caractère du xviii° siècle.

« Une fois que les hommes ont osé, d'une manière quelconque, donner l'assaut à la barrière formidable de la religion, il est impossible de les arrêter.

« Nous touchons à une crise qui aboutira à l'esclavage ou à la liberté. Si les Jésuites l'avaient emporté, tous les tribunaux eussent été remplis en un clin d'œil de leurs affiliés et adhérents, et nous serions tombés dans une espèce de théocratie.

« On ne permettrait plus d'écrire; nous n'oserions même plus penser; il deviendrait impossible de lire; car auteurs, livres et lecteurs seraient également proscrits. »

C'était assurément une femme intelligente,

cette princesse à qui Diderot pouvait tenir ce langage. Ces lettres ainsi que ces conversations avec la princesse et l'impératrice, sont très remarquables.

Bien qu'il n'y eût pas fait un long séjour, le climat de la Russie avait altéré la santé de Diderot. Sa femme et sa fille le trouvèrent au retour amaigri et changé.

La rigueur du froid avait altéré ses poumons et il respirait avec peine. Il se sentait atteint, mais espérait encore dix années de vie. Il les eut. Toujours laborieux, il s'attelait quatorze heures par jour à son *Essai sur les règnes de Claude et de Néron*; vers cinq heures, il allait se promener au Palais-Royal où on le trouvait seul, rêvant sur le banc d'Argenson; quand il pleuvait, il allait au café de la Régence, pour causer et voir jouer aux échecs le fameux Philidor.

Le 19 février 1784, il fut attaqué d'un violent crachement de sang : « Voilà qui est fini, dit-il à sa fille, il faut nous séparer. Je suis fort. Ce ne sera peut-être pas dans deux jours; mais dans deux semaines, deux mois, un an. » — « J'étais si accoutumée à le croire, ajoute Mme de Vandeul, que je ne pus douter de ce qu'il disait. »

Il alla s'établir à Sèvres chez un vieil ami, M. Belle; puis revint à Paris habiter, rue Richelieu, un appartement que Grimm avait obtenu pour lui de l'impératrice. Il s'y trouvait comme dans un palais, ayant, pendant trente ans, habité un quatrième étage, au coin de la rue Taranne et de la rue Saint-Benoît, avec sa bibliothèque au cinquième sous les toits[1]. Son nouvel appartement de la rue Richelieu était au rez-de-chaussée, parce qu'il lui était devenu difficile et pénible de monter. Il n'en jouit que douze jours.

Il s'affaiblissait de plus en plus, sans que sa tête s'altérât. Bien persuadé de sa fin prochaine, mais ne voulant point affliger des gens qu'il voyait plongés dans la douleur, il s'occupait encore de ce qui pouvait les distraire ou les tromper. Il voulait arranger tous les jours quelques objets nouveaux; il fit placer ses estampes. La veille de sa mort, dit sa fille, on lui apporta un lit plus commode; les ouvriers se tourmentaient pour le placer. « Mes amis, leur dit-il, vous prenez là bien de la peine pour un meuble qui ne servira pas quatre jours. » Il reçut le soir ses amis; la conversation s'engagea sur la philosophie, et les différentes routes pour arriver à

(1) L'appartement de Diderot était au quatrième et sa bibliothèque au cinquième. C'est parce qu'il n'y pouvait plus monter que l'impératrice fit donner à son bibliothécaire un superbe logement, rue Richelieu.

(*Vie de Diderot*, par F. Génin.)

cette science. *Le premier pas, dit-il, vers la philosophie, c'est l'incrédulité.* « Ce mot, dit Mme de Vandeul, est le dernier qu'il ait prononcé devant moi. »

Bien que désolée de l'incrédulité de son mari, Mme Diderot se conduisit en cette circonstance avec une grande délicatesse. « Elle aurait donné sa vie pour que mon père crût; mais elle aimait mieux mourir que de l'engager à faire une seule action qu'elle pût regarder comme un sacrilège. Persuadée que mon père ne changerait jamais d'opinion, elle voulut lui épargner les persécutions, » et jamais elle ne le laissa seul avec le curé de Saint-Sulpice qui n'avait pas manqué de venir trouver Diderot, dès qu'il avait appris sa maladie. *Nous le gardions l'une et l'autre*, dit Mme de Vandeul. Quant à lui, il reçut à merveille M. le curé, lui parla des bonnes œuvres qui lui restaient à faire, lui recommanda les indigents de son quartier, qu'il connaissait, et le curé les soulagea.

Il se leva le samedi 30 juillet 1784, causa toute la matinée avec son gendre et son médecin, se mit à table pour déjeuner, mangea un fruit. Mme Diderot lui demanda comment il se trouvait; comme il gardait le silence, elle s'approcha de lui; il n'était plus.

N'ayant pu le confesser, le curé de Saint-Roch l'enterra du moins dans son église, dans la chapelle même de la Vierge où il est encore.

La science avait été la religion de sa vie tout entière consacrée à la recherche de la vérité, à l'art et au culte des lettres.

En 1780, par une délibération de la ville de Langres, le maire et les quatre échevins avaient écrit à Diderot pour lui demander de laisser faire son portrait qu'ils désiraient acquérir. Diderot, touché de cette démarche de ses compatriotes, leur envoya son buste en bronze fait par Houdon. Il est placé dans la salle de l'Hôtel de Ville, sur une bibliothèque contenant l'*Encyclopédie* et tous les autres ouvrages de Diderot.

A la fin d'une vie si remplie, Diderot lisant dans Sénèque le *Traité de la brièveté de la vie*, se demandait s'il n'avait pas dissipé et perdu la sienne. Il s'appliquait ces paroles directes du troisième chapitre : « Allons, repasse tes jours et tes années, fais-leur rendre compte. Dis-nous combien de ce temps tu as laissé ravir par un créancier, par une maîtresse, par un patron, par un client. Combien de gens n'ont-ils pas mis ta vie au pillage, quand, toi, tu ne sentais même pas ce que tu perdais ? » « Je n'ai jamais lu ce chapitre sans rougir, écrivait Diderot sur cette page¹ de Sénèque, c'est mon histoire. Je n'ai pas la conscience d'avoir employé la moitié de mes forces; jusqu'à présent, je n'ait fait que *baguenauder*. » Mais à ces regrets de l'écrivain et de l'artiste qui n'a point eu le temps de réaliser son idéal, on peut opposer ces paroles généreuses du philosophe : « On ne me vole point ma vie, écrivait-il à Mˡˡᵉ Voland, je la donne; et qu'ai-je mieux à faire que d'en accorder une partie à celui qui m'estime assez pour solliciter ce présent! » C'est dans le même sentiment de générosité expansive qu'il écrivait les lignes suivantes qui peignent si bien le dévouement de sa nature et la bonté de son cœur : « Un plaisir qui n'est que pour moi me touche faiblement et dure peu. C'est pour moi et pour mes amis que je lis, que je réfléchis, que j'écris, que je médite, que j'entends, que je regarde, que je sens. Dans leur absence, ma dévotion rapporte tout à eux. Je songe sans cesse à leur bonheur. Une belle ligne me frappe-t-elle, ils la sauront. Ai-je rencontré un beau trait, je me promets de leur en faire part. Ai-je sous les yeux quelque spectacle en-

---

(1) Diderot, dit Naigeon, avait contracté depuis très longtemps l'habitude d'écrire sur les premiers feuillets de ses livres et souvent sur des feuilles volantes qu'il y insérait, le jugement qu'il portait de ces différents ouvrages et ses propres réflexions en les lisant. Montaigne faisait de même.

chanteur, sans m'en apercevoir j'en médite le récit pour eux. Je leur ai consacré l'usage de tous mes sens et de toutes mes facultés ; et c'est peut-être la raison pour laquelle tout s'exagère, tout s'enrichit un peu dans mon imagination et dans mon discours; ils m'en font quelquefois un reproche, les ingrats ! » — Jamais l'envie n'a altéré la douceur et la paix de son âme. Philosophe, désintéressé et sans ambition, il joignait la plus grande puissance de dévouement à la plus grande capacité philosophique qui fut jamais.

Toutes les vertus, dit Grimm, toutes les qualités qui n'exigeaient pas de lui une grande suite dans les idées, une grande constance d'affection lui étaient naturelles. Il avait, en effet, une extrême vivacité de sentiment et d'imagination, une continuelle mobilité d'idées et de sensations dont il convenait lui-même et qu'il attribuait à l'influence de son pays natal. Il avait remarqué qu'à Langres les vicissitudes de l'atmosphère sont telles, qu'on passe en vingt-quatre heures du froid au chaud, du calme à l'orage, du serein au pluvieux, et qu'il est difficile que cette mobilité du climat n'aille pas jusqu'aux âmes : elles s'accoutument ainsi dès la plus tendre enfance à tourner à tout vent.

« Les habitants de mon pays, dit-il, ont beaucoup d'esprit, trop de vivacité, une inconstance de girouette. La tête d'un Langrois est sur ses épaules comme un coq d'église au haut d'un clocher ; elle n'est jamais fixe dans un point ; et si elle revient à celui qu'elle a quitté, ce n'est pas pour s'y arrêter. Avec une rapidité surprenante dans les mouvements, dans les désirs, dans les projets, dans les fantaisies, dans les idées, ils ont le parler lent. Pour moi, je suis de mon pays ; seulement le séjour de la capitale et l'application assidue m'ont un peu corrigé. Bien qu'extrêmement mobile dans mes impressions, *je suis constant dans mes goûts.* »

Sainte-Beuve le représente la tête haute et un peu chauve, le front vaste, les tempes découvertes, l'œil en feu, le cou nu, *débraillé, le dos bon et rond*, les bras tendus vers l'avenir.

On connait, dit Camille Pelletan, la figure de Diderot : ce front vaste, un peu dégarni, d'une plénitude superbe, dont Rousseau disait que la postérité le comparerait à celui de Platon ou d'Aristote ; ces yeux ouverts remplis de flammes, au-dessus desquels les sourcils s'envolent dans un élan lyrique ; cette bouche toujours ouverte par le souffle de l'inspiration ; ce cou dégagé donnant au port de sa tête quelque chose de fier et de fougueux.

Un artiste du temps, Michel Vanloo, avait fait son portrait où Diderot ne se reconnaissait guère [1]: « Mes enfants, je vous préviens que ce n'est pas moi. J'avais eu une journée cent physionomies diverses, selon la chose dont j'étais affecté : j'étais serein, triste, rêveur, tendre, violent, passionné, enthousiaste; mais je ne fus jamais tel que me voyez là. J'avais un grand front, des yeux vifs, d'assez grands traits, la tête tout à fait d'un ancien orateur, une bonhomie qui touchait de bien près à la bêtise, à la rusticité des anciens temps. » En effet, le caractère de Diderot était plein d'obligeance et de bonhomie. Sa vie et ses idées étaient à tous et il se prodiguait de toutes façons. Quoique léger et mobile, il avait le cœur excellent. « Parce qu'il met la vertu en paroles sonores, a-t-on dit, il se croit, de bonne foi, dans la pratique, le plus vertueux, le meilleur des hommes. » Mais Diderot n'était pas bon seulement en paroles. Les trois quarts de sa vie, dit Mme de Vandeul, ont été employés à secourir tous ceux qui avaient besoin de sa bourse, de ses talents et de ses démarches.

---

(1) « Je n'ai jamais été bien fait que par un pauvre diable appelé Garand, qui m'attrappa comme il arrive à un sot qui dit un bon mot. Celui qui voit mon portrait par Garand me voit. *Ecco il vero Polichinello.* » (*Salon de* 1771.)

J'ai vu son cabinet pendant vingt-cinq ans n'être autre chose qu'une boutique où les chalands se succédaient. Cette facilité avait bien souvent des inconvénients. Il eut quelques amis du mérite le plus rare, mais les hommes de génie connaissent trop bien le prix du temps pour le dérober à leurs semblables ; sa porte, ouverte à tous ceux qui frappaient, amena chez lui des personnes qui auraient dû le dégoûter de se laisser ainsi dérober son travail et son repos.

II

Diderot, remarque Sainte-Beuve, a cela de particulier entre les grands hommes du XVIIIᵉ siècle, d'avoir une famille, une famille tout à fait bourgeoise, de l'avoir aimée tendrement, de s'y être rattaché toujours avec effusion, cordialité et bonheur. Philosophe à la mode et personnage célèbre, il eut toujours son bon père *le forgeron*, comme il disait, son frère l'abbé, sa sœur la ménagère, sa chère petite fille Angélique : il parlait d'eux tous délicieusement.

A propos de l'éducation de cette jeune fille, Voltaire écrit à Damilaville (30 janvier 1767) : « J'ai été bien aise de rendre un témoignage public à Diderot (dans la préface des *Scythes*); ce n'est pas que je sois content de lui ; on dit qu'il laisse élever sa fille dans des principes qu'il déteste. »

Il n'en était rien, Diderot, sans intolérance, conservait la haute direction dans l'éducation de sa fille, et, avec une tendresse éclairée, il s'en occupait lui-même. Il lui expliquait les choses les plus délicates à dire, et, par exemple, comment il faut interpréter les compliments et les propos doucereux des galants. « Cela veut dire : Mademoiselle, si vous aviez pour agréable d'oublier en ma faveur vos principes d'honnêteté, de me sacrifier vos mœurs et votre réputation, de faire mourir Monsieur votre père et Madame votre mère de douleur, et de m'accorder un quart d'heure d'amusement, je vous en serais infiniment obligé. »

« Vous dites que Diderot est un bon homme, écrivait d'Argental à Voltaire (12 mars 1758); je le crois, car il est naïf. Plus il est bon homme et plus je le plains d'être dépendant des libraires qui ne sont point du tout bonnes gens, et d'être en proie à la rage des ennemis de la philosophie. »

Tous les témoignages des contemporains s'accordent sur sa bonté, sa complaisance, sa bienveillante générosité, sur son caractère aimable et sur la prodigalité de son génie. « Diderot était tout à tous. Celui-ci avait besoin d'un plan de pièce, Diderot le faisait. Tel autre, ayant le plan, voulait le faire écrire, Diderot l'écrivait.

Cette *Histoire philosophique des Indes* qui fut, dit Camille Pelletan, un des monuments du xviii° siècle, de qui venait-elle ? — De Diderot, qui en avait fait les morceaux les plus éloquents. Il était effrayé de la hardiesse de ce qu'il écrivait. Parfois il s'arrêtait :

— Mais qui osera signer cela ?

— Moi, répondait l'abbé, moi, vous dis-je, écrivez donc.

Diderot remplit le xviii° siècle de tout ce qu'il donna sans compter.

Grimm, Helvétius, d'Holbach ont ramassé ses miettes.

Rousseau, dit Camille Pelletan, reçut de lui l'étincelle qui fit du Genevois un de nos grands écrivains.

Pantophile, Diderot est aussi curieux de philosophie que de théâtre, de peinture que d'arts mécaniques ; il lit tout, parce que tout l'intéresse et qu'il veut tout connaître.

Ainsi curieux de tout, aimant tout, il cultive la science et les lettres pour elles-mêmes ; d'une curiosité ardente et toujours éveillée, il lit pour le plaisir d'apprendre, il écrit sans ambition, sans jalousie, sans vanité, pour se plaire à lui-même, pour s'amuser et pour être utile.

Journaliste et brillant causeur, toujours prêt à parler et à écrire sur tout, il aime naturellement à parler, à écrire, parce qu'il a beaucoup de sentiments et d'idées, et qu'il trouve du plaisir à les exprimer avec feu, avec éloquence.

Esprit libéral et indépendant, il croit au progrès, y croyant, il veut y contribuer; libre penseur, il déteste la tyrannie religieuse, parce qu'elle est hostile au bonheur des hommes.

Initiateur et innovateur en tous genres, semeur d'idées, précurseur, il prévoit le télégraphe électrique, le décrit, il esquisse la doctrine de l'évolution, le transformisme, et, avec cela, il invente le drame moderne.

« Il faudrait, dit Camille Pelletan, passer en revue tout le domaine de l'intelligence humaine, si l'on voulait énumérer toutes les matières où Diderot a porté l'activité, l'originalité de son génie.

« Au théâtre, il a inventé un genre, et, si ses tentatives, gâtées par la sentimentalité de son temps, ont vieilli, elles n'en restent pas moins l'ébauche et le premier essai du drame contemporain.

« En critique, en science, en histoire, il a semé des idées neuves à poignée. »

Qu'il s'agisse pour les philosophes de faire une œuvre commune, Diderot sera l'homme indispensable, seul capable de leur être à la fois un lien et un aiguillon. Aujourd'hui rêveur, demain géomètre ou mécanicien, « bien autrement universel que Voltaire[1] », seul capable de mener à bien l'*Encyclopédie*, ce grand ouvrage devenu nécessaire, mais qui avait contre elle les jésuites et le roi, les jésuites qui, par le roi et ses lettres de cachet, disposaient de Vincennes et de la Bastille.

Personne plus que Diderot n'était né rédacteur en chef. Par son infatigable activité, par ses qualités de caractère et de cœur, il a été le lien entre les esprits et les caractères les moins faits pour s'entendre. Il les comprenait, les aimait, les aidait, il changeait leurs hésitations et leurs doutes en ardeur, et les conduisait à l'assaut, après avoir rendu leur troupe résolue et disciplinée comme il l'était lui-même. C'est ainsi que son rôle, au XVIIIe siècle, a été plus grand encore que son œuvre.

Camille Pelletan nous a montré sa générosité,

___
(1) Louis Blanc.

sa bienveillance, sa bienfaisance infatigable, son activité débordante. Cet homme, dit-il, incapable d'une intrigue pour lui, donne son temps, son activité au premier qui vient implorer ses services. Pour secourir celui-ci, pour sauver celui-là, il improvise, en actions, des romans merveilleux, il court de tous côtés, il trouve des mots superbes.

Profondément pitoyable pour tous les malheurs, il est le plus souvent payé d'ingratitude. Il s'est peint lui-même dans le philosophe Hardouin. (V. *Est-il bon ? Est-il méchant ?*)

Et c'est au milieu de cette vie dispersée qu'il écrivait ses pages immortelles.

Il les écrivait, puis il les abandonnait. Le plus souvent, il ne prenait même pas la peine de les publier. Ses contemporains ont ignoré à peu près tous ses plus précieux chefs-d'œuvre. *Le Neveu de Rameau*, traduit par Gœthe en 1804; *Jacques le Fataliste*, traduit par Schiller en 1785; *Le Rêve de d'Alembert*, publié seulement en 1830. D'autres ouvrages ont été perdus, notamment une *Lettre à M*[lle] *Clairon sur l'athéisme*.

Très à son aise au Granval, rue Royale ou au café de la Régence, Diderot n'aime pas le monde où il se sent gêné. Il recherchait la solitude, dit

Grimm, dans sa *Correspondance littéraire*, parce qu'éloigné du monde dès sa jeunesse, il n'en avait pas contracté l'aisance.

— Sans doute, mais aussi parce qu'il aimait la solitude, parce qu'il aimait à lire, à écrire, à être seul et à rêver, parce qu'il aimait l'air pur de la campagne et cette fatigue salutaire qui le faisait si bien dormir à la suite de ses longues promenades à travers la campagne et les bois avec le baron.

Grand travailleur comme Voltaire, Buffon, Montesquieu, il cherche la retraite et la solitude, comme faisaient Voltaire à Cerey, Montesquieu à la Brède, Buffon dans sa tour de Montbard.

Un peu farouche, comme son ami Jean-Jacques, il n'aime pas les nouveaux visages. « J'ai rencontré l'autre jour, dit Mme d'Houdetot, Diderot chez le baron; il m'a fui, je le crois : j'avais un panier et des diamants; malgré cela, j'avais, en vérité, aussi un cœur bien fait pour sentir le mérite des bonnes choses, et surtout des belles âmes, et il aurait bien pu m'aborder. »

Ce n'est que peu à peu, conduit par Grimm, qu'il s'accoutuma à aller chez Mme d'Épinay, à la Chevrette et à la Briche.

Il n'aimait pas seulement la campagne et la

solitude, il préférait la nature « sauvage et pittoresque ».

« J'en étais resté à mon voyage de la Briche ; je ne connaissais point cette maison ; elle est petite, mais tout ce qui l'environne, les eaux, les jardins, le parc, a l'air sauvage ; c'est là qu'il faut habiter, et non dans ce triste et magnifique château de la Chevrette.

Les pièces d'eau immenses, escarpées par les bords couverts de joncs, d'herbes marécageuses ; un vieux pont ruiné et couvert de mousse qui le traverse ; des bosquets où la serpe du jardinier n'a rien coupé ; des arbres qui croissent comme il plaît à la nature ; des fontaines qui sortent par les ouvertures qu'elles se sont pratiquées elles-mêmes ; un espace qui n'est pas grand, mais où on ne se reconnaît point, voilà ce qui me plaît. »

Il n'était tout à fait à son aise que dans une société familière et intime. Alors il se déployait en plein abandon, avec des facultés riches, puissantes, colorées et affectueuses, qui enchaînaient à lui, dit Sainte-Beuve, tous ceux qui l'écoutaient.

Il se plaisait surtout, à Paris et à Granval, dans la maison de son ami d'Holbach, qui partageait toutes ses idées.

Le salon du baron était une succursale des bureaux de l'*Encyclopédie*. « C'est là, s'écrie Diderot, enchanté, c'est là qu'on parle histoire, politique, finances, belles-lettres, philosophie. »

D'Holbach était instruit; il savait plusieurs langues; il traduisait de l'allemand, pour l'*Encyclopédie*, beaucoup d'articles de science ; presque tous les articles de chimie sont de lui. Il avait, à Granval, une fort belle bibliothèque, précieuse pour Diderot.

Diderot le voyait très souvent; il ne passait pas un jour, dit Grimm (1754), sans dîner ou souper rue Royale-Saint-Roch. A l'automne, il allait s'installer pour cinq ou six semaines à Granval. Il y trouvait des amis fidèles, des livres de tous genres, et ses aises auxquelles il tenait partout et plus encore à la campagne qu'ailleurs.

« La maîtresse de la maison ne rend point de devoirs et n'en exige aucun; on est chez soi et non chez elle. »

Granval est situé à deux lieues et demie de Charenton, et à distance égale de Gros-Bois, en face de Champigny. De sa chambre, chaude et gaie, « la plus agréable du logis », Diderot voyait à gauche de la maison un petit bois qui la défendait du vent du nord. Ce bois, dit-il, est « coupé par un ruisseau qui coule naturellement à travers des branches d'arbres rompues, à travers des ronces, des joncs, de la mousse, des cailloux. Le coup d'œil est tout à fait pittoresque et sauvage. »

A Grauval, Diderot se lève à six heures, il ouvre sa fenêtre pour respirer l'air vif du matin, boit du thé bien chaud et se met au travail.

A côté du portrait d'Horace, il lit, il médite, écrit jusqu'à deux heures. C'est l'heure où l'on dîne « bien et longtemps, la table, dit-il, étant servie au château plus somptueusement encore qu'à la ville ».

Le village, Chenevières ou Champigny, couronne la hauteur en amphithéâtre (lettre du 15 octobre 1759).

Au-dessous, le lit tortueux de la Marne forme, en se divisant, un groupe de plusieurs îles couvertes de saules. Ses eaux se précipitent en nappes par les intervalles étroits qui les séparent; les paysans y ont établi des pêcheries ; c'est un aspect vraiment romanesque. Saint-Maur d'un côté dans le fond ; Chenevières et Champigny de l'autre sur les sommets; la Marne, des vignes, des bois, des prairies entre deux.

Diderot descend du jardin, se promène lentement dans les allées, admirant la vue, voyant planter le buis et tracer les plates-bandes.

Il cause avec les jardiniers, avec les paysans, desquels « il apprend toujours quelque chose ».

Puis il fait, avec le baron, de longues promenades à travers les bois et les terres. « Le coucher du soleil et la fraîcheur de la soirée nous rapprochent de la maison, où nous n'arrivons guère avant sept heures. Les femmes sont rentrées et déshabillées. Il y a des lumières et des cartes sur la table. » On fait jusqu'au souper une partie de piquet; puis on cause jusqu'à onze heures. A onze heures et demie, tout le monde est couché.

Voilà la vie qu'on mène chez d'Holbach.

Les lettres à Mlle Volland, datées de Granval, nous font voir le château, ses jardins et ses hôtes.

Voici, par un jour de pluie, Mme d'Holbach « qui s'use la vue à broder; Mme d'Aine digère étalée sur des oreillers; le père Hoop, les yeux à moitié fermés, la tête penchée sur ses deux épaules et les mains collées sur ses deux genoux, rêve à la fin du monde; le baron lit enveloppé dans une robe de chambre et renfoncé dans un bonnet de nuit; moi, je me promène en long et en large, machinalement. Je vais à la fenêtre voir le temps qu'il fait, et je crois que le ciel fond en eau, et je me désespère. »

Mais rentré dans sa chambre, il apprécie le

confortable dont il est entouré, et, pendant l'orage auquel il échappe, il chante à sa manière le *Suave mari magno* de Lucrèce.

« J'aime ces vents violents, cette pluie que j'entends frapper nos gouttières pendant la nuit, cet orage qui agite avec fracas les arbres qui nous entourent, cette basse continue qui gronde autour de moi ; j'en dors plus profondément, j'en trouve mon oreiller plus doux, je m'enfonce dans mon lit, je m'y ramasse en un peloton ; il se fait en moi une comparaison secrète de mon bonheur avec le triste état de ceux qui manquent de gîte, de toit, de tout asile, qui errent la nuit exposés à toute l'inclémence de ce ciel, qui valent mieux que moi peut-être que le sort a distingué, et je jouis de la préférence[1]. »

On reçoit beaucoup à Granval. Mme Geoffrin elle-même ne craint pas de s'y aventurer quelquefois.

Diderot apprécie son élégance sobre et discrète. « Je remarque toujours, dit-il, le goût noble et simple dont cette femme s'habille. C'était ce jour-là une étoffe simple, d'une couleur

---

(1) M. Ducros, qui peint fidèlement le caractère de l'homme, remarque avec raison, dit A. Mézières, que Diderot, qui a pris l'initiative de tant d'idées, est le premier qu'ait exprimé au dix-huitième siècle, avec émotion, avec poésie, le sentiment de la nature. Plusieurs années avant J.-J. Rousseau, Diderot, est touché par l'agrément des scènes cham-

austère, des manches larges, le linge le plus uni et le plus fin, et puis la netteté la plus recherchée de tout côté. »

Quoiqu'avec beaucoup plus de réserve, le salon de Mme Geoffrin était aussi une espèce d'encyclopédie en action et en conversation. Elle mettait, dit Marmontel, une adresse extrême à recevoir les grands avec un air demi-respectueux, demi-familier. Personne, dit La Harpe, ne possédait mieux qu'elle le tact des convenances.

Tout ce qui était ardent autour d'elle l'exaspérait, dit Thomas ; elle craignait l'impétuosité des idées comme des sentiments, et croyait que la raison même avait tort quand elle était passionnée.

Diderot allait peu chez Mme Geoffrin. Il était trop impétueux pour elle. Marmontel dit : « Elle estimait le baron d'Holbach, elle aimait Diderot, mais à la sourdine, et sans se compromettre pour eux. »

Diderot a peint sa rapide fortune : « Une petite fille, dit-il, allait régulièrement à la messe, en cornette plate, en mince et légère siamoise ; elle était jolie comme un ange, elle joignait, au pied des autels, les deux plus belles menottes du

pêtres, par la beauté des paysages naturels, et décrit en artiste le lever ou le coucher du soleil, les effets d'un orage dans la campagne.

monde. Cependant un homme puissant la lorgnait, en devenait fou, en faisait sa femme ; la voilà riche, la voilà honorée, la voilà entourée de tout ce qu'il y a de grand à la ville et à la cour, dans les sciences, dans les lettres, dans les arts ; un roi la reçoit chez lui et l'appelle maman ».

La preuve que Diderot était bon, c'est qu'excepté Rousseau, il a gardé tous ses amis.

Rousseau et Diderot, liés dès 1742, très intimes en 1747, époque à laquelle ils avaient leur dîner hebdomadaire au Palais-Royal avec Condillac, se brouillèrent en 1757.

Lorsque le programme de l'Académie de Dijon parut, écrit Diderot, Jean-Jacques vint me consulter sur le parti qu'il prendrait. « Le parti que vous prendrez, lui dis-je, c'est celui que personne ne prendra.

— Vous avez raison, me répondit-il. »

Diderot, écrivant à Landois, put lui dire avec exactitude : « Nos amis communs ont jugé entre Jean-Jacques et moi ; je les ai tous conservés et il ne lui en reste aucun. »

Diderot fut un ami fidèle, tendre, dévoué, « un cœur excellent », comme le disait Grimm.

Liés vers 1750, ils restèrent toujours amis, et se virent pendant trente-quatre ans.

Grimm fut souvent, pour Diderot, le *modérateur* dont il avait besoin. Grimm avait un caractère plus ferme que Diderot, il savait éconduire les fâcheux, et ne leur laissait pas dévorer son temps comme Diderot. Il était plus habile dans l'art de vivre, et Diderot lui reconnaissait cette supériorité. « Il est plus sage que moi, disait-il (Lettre à Falconet), plus prudent que moi, ayant une expérience des hommes et du monde que je n'aurai jamais. »

Et le bon Diderot se laissait conduire par Grimm. Le « volontaire » Grimm, écrit-il à Mlle Volland, me boude de ce que je m'émancipe quelquefois à faire ma volonté » et cependant, en règle générale, il lui obéissait avec la docilité d'un enfant.

Grimm, plus sage et plus froid que Diderot, était aussi plus exigeant.

Dans sa bonté généreuse, Diderot donne et se prodigue.

« Je viens de recevoir de Grimm, écrit-il à Mlle Volland, un billet qui blesse mon âme trop délicate. Je me suis engagé à lui faire quelques lignes sur les tableaux exposés au *Salon*; il m'écrit que si cela n'est pas prêt demain, il est inutile que j'achève. Je serai vengé de cette espèce de dureté, et je serai vengé comme il me convient. J'ai travaillé hier toute la journée, aujourd'hui tout le jour, je passerai la nuit, toute la journée de demain, et, à neuf heures, il recevra un volume d'écritures. »

« A propos, écrit-il à Mlle Volland (18 août 1765), savez-vous qu'il ne tient qu'à moi d'être vain ! Il y a ici une Mme Necker, jolie femme et bel esprit, qui raffole de moi; c'est une persécution pour m'avoir chez elle. »

Suard lui fait sa cour avec une telle assiduité, qu'un mauvais plaisant put lui dire : « On ne vous voit plus, tendre grenouille. — Qu'est-ce que cela signifie : tendre grenouille ? — Eh oui ! est-ce vous ne passez pas à présent vos jours et vos nuits à soupirer au Marais ? »

Mme Necker demeurait alors au Marais.

« C'est, ajoute Diderot, une Genevoise sans fortune, qui a de la beauté, des connaissances et de l'esprit, à qui le banquier Necker vient de faire un très bel état.

Dans ses *Nouveaux Mélanges*, Mme Necker a parlé de Diderot. Elle voit son caractère, ses goûts ; elle raconte ses conversations.

« Monsieur Diderot, reprenons une conversation qui m'intéresse.

« Ne disiez-vous pas qu'il était possible d'expliquer la pensée par la suite des sensations ?

— Oui, toute la nature n'est qu'une série de sensations graduées; la pierre sent, mais très faiblement,... et c'est ainsi que je m'élève jusqu'à l'homme.

La seule matière suffit donc à l'explication de tous ces phénomènes, et, si elle est susceptible de sensations, elle est aussi susceptible de pensées.

— Puisque la philosophie est votre femme, vous ne ressemblez pas à Ulysse : votre Pénélope est partout avec vous; mais prenez garde qu'elle ne détruise le soir l'ouvrage qu'elle a fait dans la journée.

Diderot, dit Mme Necker, ramène trop la conversation aux sujets dont il s'occupe; et, sur ces sujets, il force l'attention.

Diderot, dit-elle encore, est affecté quand il se modère et naturel dès qu'il est exagéré.

La vie de Diderot « n'était qu'un rêve continuel ». Quel rêveur, dit Rœderer, que l'auteur du plan de l'*Encyclopédie*, que l'homme qui a fait, en une page de sa lettre des sourds et muets, tout le *Traité des Sensations*, de Condillac; dans une lettre de douze pages, à Mme de Forbach, une grande partie d'*Émile;* dans une note de dix, un *Traité de Femmes* aussi complet, et surtout plus animé que celui de Thomas, aussi vrai et plus voilé que celui de Saint-Lambert! Quel rêveur que l'homme qui a tout su, tout embrassé, depuis l'art de faire des épingles, jusqu'à l'art de remuer les passions au théâtre; qui n'a jamais touché au sentiment sans l'animer, ni une idée sans la peindre!

« Diderot, dit l'abbé Morellet dans ses *Mémoires*, Diderot avait une grande puissance et un grand charme; sa discussion était animée, d'une parfaite bonne foi, subtile sans obscurité, variée dans ses formes, brillante d'imagination, féconde en idées, et réveillant celles des autres.

« On s'y laissait aller des heures entières, comme sur une rivière douce et limpide, dont les bords seraient de riches campagnes ornées de belles habitations.

« J'ai éprouvé peu de plaisirs de l'esprit au-dessus de celui-là, et je m'en souviendrai toujours. »

« Tous s'accordent à voir en lui « un homme « extraordinaire. »

C'est un homme « extraordinaire », écrit Mlle de Lespinasse.

Il n'est pas à sa place dans la société de son temps.

Il devrait être un philosophe grec, un chef de secte.

« Quand il parlait, dit Marmontel, toute son âme était dans ses yeux et sur ses lèvres. »

Et puis, remarque M. Ducros, comme il pensait en parlant et que d'ailleurs il avait infiniment d'idées sur infiniment de choses, il était prêt sur tout et, grâce à sa belle humeur, toujours en train et tout de suite en verve. »

Tel il était quand il entrait, au bras de Grimm, à la fin du dîner, chez le baron.

Voici l'amusant récit d'une visite que lui fit Garat :

« Il y a quelque temps qu'il m'a pris comme à tant d'autres le besoin de mettre du noir sur du blanc, ce qu'on appelle faire un livre. Je cherchai la solitude pour mieux recueillir et méditer toutes mes rêveries.

Un ami me prêta un appartement dans une maison charmante et dans une campagne qui pouvait rendre poète ou philosophe celui qui était fait pour en sentir les beautés. A peine j'y suis, que j'apprends que M. Diderot couche à côté de moi dans un appartement de la même maison. Je n'exagère rien, le cœur me battit avec violence, et j'oubliai tous mes projets de prose et de vers pour ne songer plus qu'à voir le grand homme dont j'avais tant de fois admiré le génie. J'entre avec le jour dans son appartement et il ne paraît pas plus surpris de me voir que de revoir le jour. Il m'épargne la peine de lui balbutier gauchement le motif de ma visite, il le devine apparemment à un grand air d'admiration dont je devais être tout saisi. Il m'épargne également les longs détours d'une conversation qu'il fallait absolument amener aux vers et à la prose. A peine il en est question, il se lève, ses yeux se fixent sur moi, il est très clair qu'il ne me voit plus du tout. Il commence à parler, mais d'abord si bas et si vite, que, quoique je sois auprès de lui, quoique je le touche, j'ai peine à l'entendre et à le suivre. Je vois dans l'instant que tout mon rôle dans cette scène doit se borner à l'admirer en silence et ce parti ne me coûte pas à prendre. Peu à peu sa voix s'élève et devient distincte et sonore ; il était d'abord presque immobile ; ses gestes deviennent fréquents et animés. Il ne m'a jamais vu que dans ce moment ; et lorsque nous sommes debout, il m'environne de ses bras ; lorsque nous sommes assis, il frappe sur ma cuisse comme si elle était à lui. Si les liaisons rapides et légères de son discours amènent le mot de *lois*, il me fait un plan de législation ; s'il amène le mot *théâtre*, il me donne à choisir entre cinq ou six plans de drames et de tragédies. A propos des tableaux qu'il est nécessaire de mettre sur le théâtre, il se rappelle que Tacite est le plus grand peintre de l'antiquité et il me récite ou me traduit les *Annales* et les *Histoires*. Mais combien il est affreux que les barbares aient enseveli sous les ruines un si grand nombre des chefs-d'œuvre de Tacite! Si encore les monuments qu'on a déterrés à Herculanum pouvaient en rendre quelque chose! Cette espérance le transporte de joie et, là-dessus, il disserte comme un ingénieur italien sur les moyens de faire des fouilles d'une manière prudente et heureuse. Promenant alors son imagination sur les ruines de l'antique Italie, il se transporte aux jours heureux des Lélius et des Scipion, où même les nations vaincues assistaient avec plaisir à des triomphes remportés sur elles. Il me joue une scène entière de Térence; il chante presque plusieurs chansons d'Horace. Il finit enfin par me chanter réellement une chanson qu'il a faite lui-même en impromptu dans un souper, et par me réciter une comédie très agréable dont il a fait imprimer un seul exemplaire pour s'éviter la peine de la recopier.

Beaucoup de monde entre alors dans son appartement. Le bruit des chaises, qu'on avance et qu'on recule, le fait sortir de son enthousiasme et de son monologue. Il me distingue au milieu de la compagnie, et il vient à moi comme à quelqu'un que l'on retrouve après l'avoir vu autrefois avec plaisir. Il se souvient encore que nous avons dit ensemble des choses très intéressantes, sur les lois, sur les drames et sur l'histoire; il a connu qu'il y avait beaucoup à gagner dans ma conversation. Il m'engage à cultiver une liaison dont il a senti le prix. En nous séparant, il me donne deux baisers sur le front, et arrache sa main de la mienne avec une douleur véritable. »

Ce récit fut publié dans le *Mercure* du 15 février 1779; Diderot le lut, s'en amusa fort, et il écrivait à ce sujet :

« Je n'avais pas encore lu la lettre que M. Garat a publiée dans un des *Mercures* de 1779, qu'il se répandit que j'en étais choqué, et que l'auteur avait la bonté de s'en inquiéter. Je commencerai par le rassurer. Il y a de la vérité dans le plaisant récit de notre première entrevue; je m'y suis reconnu, et j'ai ri du vernis léger d'ironie poétique qu'il y a répandu, et qui l'a rendu piquant. On sera tenté de me prendre pour une espèce d'original; mais qu'est-ce que cela fait? Est-ce donc un si grand défaut que d'avoir pu conserver, en s'agitant sans cesse dans la société, quelques vestiges de la nature, et de se distinguer par quelques côtés anguleux de la multitude de ces uniformes et plats galets qui foisonnent sur toutes les plages. J'estime l'auteur de l'*Éloge de Suger*, je ne suis point éloigné de l'aimer; et quand il lui plaira de se retrouver devant le modèle dont il a fait l'agréable caricature, je suis prêt à le recevoir et à poser une seconde fois. »

Le chef-d'œuvre de Diderot, c'était sa conversation, et voilà pourquoi les chefs-d'œuvre qui restent de lui sont, avec le *Neveu de Rameau*, les *Salons* et la *Correspondance* familière.

Diderot a très bien parlé de Langres sa patrie; par ses descriptions charmantes il donne presque envie d'être Langrois pour se promener autour de ses beaux sites. Il a fait une excellente dissertation sur les eaux de Bourbonne; il a fait revivre son père et le docteur Juvet.

« Il fut à cinquante-cinq ans homme de bien, homme instruit, homme de goût, grand écrivain et critique excellent. »

Diderot, dans ses écrits, ressemble toujours à un homme de génie qui improvise. Louant son éloquence remplie de vigueur et de simplicité, M. Villemain ajoute : « Quel était le talent de cet homme qui exerça tant d'empire sur son temps et en conserve tant sur la littérature du nôtre, de cet écrivain remarquable, dont la verve ne resta pas accablée sous les *in-folio* de l'*Encyclopédie*, ne parut pas diminuée par tant d'emprunts qu'on lui faisait sans cesse, ni desséchée par l'aridité des études techniques, ni dissipée dans la stérile agitation des entretiens ! »

Diderot n'était tout entier lui-même que lorsqu'il s'animait, lorsqu'en parlant, il s'abandonnait à l'impulsion du moment et laissait couler de source l'abondance de ses pensées. « Qui n'a connu Diderot que dans ses écrits, dit Marmontel, ne l'a point connu. Lorsqu'en parlant il s'animait et que, laissant couler de source l'abondance de ses pensées, il se laissait aller à l'impulsion du moment, c'est alors qu'il était ravissant. Avec sa douce et persuasive éloquence et le visage étincelant du feu de l'inspiration, il répandait sa lumière dans tous les esprits et sa chaleur dans toutes les âmes. »

Tout ce qui touchait à la bonté morale, à l'éloquence du sentiment avait eu lui un charme particulier.

Son ami Grimm[1] nous le peint en quelques traits dignes de remarque. « L'artiste qui eût cherché l'idéal de la tête d'Aristote ou de Platon, eût difficilement rencontré une tête moderne

---

(1) Ou Meister.

plus digne de ses études. Son front large, élevé, découvert, mollement arrondi, portait l'empreinte imposante d'un esprit vaste, lumineux et fécond. Son nez était d'une beauté mâle; le contour de la paupière supérieure plein de délicatesse; l'expression habituelle de ses yeux, sensible et douce; mais, lorsque sa tête commençait à s'échauffer, on les trouvait étincelants de feu; sa bouche respirait un mélange intéressant de finesse, de grâce et de bonhomie. Quelque nonchalance qu'il eût d'ailleurs dans son maintien, il y avait naturellement dans le port de sa tête, et surtout dès qu'il parlait avec action, beaucoup de noblesse, d'énergie et de dignité. Il semblait que l'enthousiasme fût devenu la manière d'être la plus naturelle de son âme, de sa voix, de tous ses traits. Dans une situation d'esprit froide et paisible, on pouvait souvent trouver en lui de la contrainte et de la gaucherie, même une sorte d'affectation; il n'était vraiment Diderot, il n'était vraiment lui, que lorsque sa pensée l'avait transporté hors de lui-même. »

Il n'était tout à fait à son aise que dans une société familière et intime, et alors il se déployait en plein abandon, avec des facultés riches, puissantes, colorées et affectueuses, qui enchaînaient à lui tous ceux qui l'écoutaient; il était impossible de le connaître sans l'aimer. Dans ses *Portraits littéraires*, Sainte-Beuve nous le fait voir la tête en avant, les bras tendus, la poitrine ouverte, toujours prêt à être hors de lui et à vous embrasser, pour peu que vous lui plaisiez, à la première rencontre. *L'attitude de l'homme était ici l'image même de son esprit.*

Diderot parlant de lui-même a dit : « Il était particulièrement livré à l'étude de la philosophie; on l'appelait *le philosophe*, et on l'appelait ainsi parce qu'il était sans ambition, qu'il avait l'âme honnête, et que l'envie n'en avait jamais altéré la douceur et la paix. Du reste, grave dans son maintien, sévère dans ses mœurs, austère et simple dans ses discours. Le manteau d'un philosophe était presque la seule chose qui lui manquât, car il était pauvre et content de sa pauvreté. Il aimait à s'entretenir des lettres et de la morale, des grandes questions de philosophie sur lesquelles il avouait qu'il n'avait guère que des doutes à émettre; car si on lui demandait ce que c'était que le vrai, le bon et le beau, il n'avait point de réponses prêtes; et cependant il souffrait qu'on l'appelât *philosophe*. »

III

Diderot est un de ces hommes à qui l'on doit des statues, un homme qui mérite l'attention et le souvenir affectueux de la postérité à laquelle il pensait et qu'il voulait servir.

A définir d'un mot son rôle au xviii° siècle, il apparaît comme le premier des grands journalistes modernes.

Son caractère est moins facile à peindre, car il est un mélange de bien des contrastes. Homme excellent, d'une nature indépendante, cordiale, généreuse, il a tous les défauts, tous les vices aimables de l'humanité. C'est un épicurien qui aime l'agréable sans y mettre toujours assez de délicatesse. Facile à l'enthousiasme, il s'exalte aisément et se montre capable d'exagération dans l'entrain de ses sentiments toujours chaleureux et sincères. Il aime par-dessus tout l'étude. Il a passé sa vie à lire et à penser, sur tous les sujets il est plein d'idées, de réflexions et de vues; il aime à les répandre, à parler largement et à se laisser entraîner par le flot éloquent des paroles, par le courant de son improvisation.

Cette libre habitude n'est pas sans inconvénients. Aux esprits raisonnables qui le lisent aujourd'hui, Diderot peut souvent paraître exagéré, outré.

Cette exagération n'est qu'apparente; en tous cas, elle n'est point volontaire. Diderot croyait être simple, même en déclamant, tant l'emphase lui était naturelle.

Avec une multitude de connaissances précises et positives, il se laissait entraîner par l'imagination et par l'attrait de l'éloquence, tant il avait en lui du poëte et de l'orateur.

Doux, facile, indulgent, il craignait le monde; il n'était à son gré que dans une société familière d'esprits symphatiques. Hors de cette intimité intelligente et libre où il se sentait à son aise, il était timide et embarrassé. Étant chez son ami d'Holbach, au Grandval, il écrivait à son amie, Mlle Voland, le 28 octobre 1760 : « Je me suis demandé plusieurs fois pourquoi, avec un caractère doux et facile, de l'indulgence, de la gaîté et des connaissances, j'étais si peu fait pour la société. C'est qu'il est impossible que j'y sois comme avec mes amis, et que je ne sais pas cette langue froide et vide de sens qu'on parle aux indifférents ; j'y suis silencieux ou indiscret. » Quelques jours avant, le 7 octobre, il lui disait déjà : « Je n'aime pas les occasions de balbutier et balbutie toujours la première fois que je vois, et puis tout se réduit alors à des phrases d'usage dont on se paie réciproquement. Je n'ai pas un sou de cette monnaie, je sais tout dire excepté bonjour. J'en serai toute ma vie à l'*a*, *b*, *c*, de tous ces propos que l'on porte de maison en maison, et qu'on entend dans tous les quartiers, à la même heure. »

Diderot s'est ainsi peint lui-même, sans préméditation et bien des fois.

Dans toutes ses lettres on voit sa franchise, sa bonté généreuse, sa hardiesse d'esprit, sa bienveillance pour tous, sa bonhomie, son optimisme. Il était « de bonne race », d'une race droite et généreuse, sans vanité, sans jalousie, désintéressé d'argent et d'honneurs, mais non pas d'estime et de gloire.

Qu'il parlât ou qu'il écrivît, il avait une verve inépuisable au service de son enthousiasme. Et, naturellement, il aimait à parler ou à écrire pendant ces heures rapides et sous l'ivresse légère de l'exaltation. Sincère dans ses élans, passionné dans ses désirs, hardi jusqu'au paradoxe, il vit sans règles et sans principes, abandonnant sa conduite à ses instincts généreux, à tous les entraînements d'un bon cœur. Voilà ce que nous explique son mariage disproportionné, aussi bien que sa passion pour Mᵐᵉ de Puisieux d'abord; et plus tard pour Mˡˡᵉ Volland qui seule paraît avoir mérité les sentiments qu'elle lui inspira.

Un homme d'une nature aussi vive, aussi impétueuse, exubérante, est sincère même quand il nous paraît outré; il exprime, avec chaleur, ce qu'il éprouve, il dit tout haut ce qu'il sent, dans l'instant même, sans l'exagérer par la parole écrite, et comme il l'aurait dit en causant. Mais il est poëte, il est enthousiaste et grand écrivain; en peignant ses sentiments, il y mêle ses gestes; en lui écrivant, il croit embrasser réellement sa maîtresse; il se présente et fait voir en action tout ce qu'il décrit.

Pantophile-Diderot, comme l'appelait Voltaire, possède tous les goûts possibles; il est homme en tout; il admire et comprend tous les arts, il s'intéresse à tout, il aime tout. Les idées le passionnent, comme feraient des maîtresses; il s'y donne, il s'y attache, il les suit avec ardeur, avec ivresse; il les aime comme des êtres vivants ou, du moins, comme des sensations supérieures, accessibles au poëte, au savant et au philosophe, — inconnues au monde inférieur comme au reste des hommes.

Nous commençons à le mieux comprendre.

Mobile dans ses impressions et constant dans ses goûts, Diderot avait l'esprit hardi et le caractère timide. Son génie large, puissant, élevé, excessif, s'enthousiasmait aisément; rien de ce qui l'occupait ne le laissait froid. Il mettait de l'ardeur à tout. Il aimait avec passion tout ce qui mérite l'amour des hommes : la vérité, la poésie, la science, la beauté, l'éloquence, l'art, la vertu.

Il est naturel qu'un homme qui aimait l'idéal sous toutes ses formes et qui savait le voir où il est, ait dépassé les anciennes notions spiritualistes et déistes.

Diderot a mérité les injures des ignorants, des superstitieux et des fanatiques, qui ont cru lui nuire en l'accusant d'avoir été un athée, un matérialiste. Il avait, en effet, sur l'origine du monde et sur la destinée de l'homme, les idées que la science moderne donne aux philosophes. Il pensait que la vérité seule est bienfaisante et qu'il ne faut pas lier le sort de la morale au sort d'anciennes légendes et de genèses arriérées. Il avait le sentiment de la beauté plastique et de la vie universelle, qui manque quelquefois aux hommes de science. Il y joignait le goût de l'expérience et de l'observation exacte. La vérité seule lui paraissait utile, honorable, digne de l'intelligence supérieure qui la peut découvrir; « elle seule mérite le respect et l'amour des hommes ; seule, elle peut contribuer au perfectionnement moral et à tous les progrès ».

Diderot aimait à être utile, et il donnait ce qu'il avait : son temps, ses idées, son argent. C'était là sa façon d'aimer le bien et de pratiquer la vertu qu'il ne séparait pas de la bienfaisance.

Avec une ardeur sans cesse renaissante, un esprit généreux et prodigue, il se passionnait vite pour toutes ses besognes ; il avait les qualités vaillantes d'un chef qui, sans amour-propre, sans envie, possède l'art difficile de grouper les hommes, est présent partout, ne songe qu'à la victoire de tous, au succès de l'entreprise, au moyen d'atteindre le but visé en commun. C'est ainsi qu'il a pu diriger si longtemps l'*Encyclopédie*, en supporter seul le poids à la fin, entretenir et ranimer à chaque instant le zèle de tous. Non seulement il la dirigeait, mais il y faisait, seul, l'histoire de la philosophie et la description des arts mécaniques.

Dans cette description tout était à découvrir : la connaissance des choses et l'art, nouveau aussi, de les décrire. Diderot passait des journées entières dans les ateliers ; il ne négligeait pas d'interroger et de regarder faire les plus simples manœuvres. Il faisait démonter et remonter sous ses yeux les machines. Le vulgaire ne s'étonne de rien, parce qu'il ne sait rien : l'ignorant ne sait même pas de quoi s'enquérir ; le philosophe ne s'accoutume pas aux phénomènes les plus communs : il y pense et en cherche attentivement les raisons et les causes.

Diderot réhabilite le travail manuel ; il estime les arts mécaniques ; il comprend la révolution démocratique qui s'apprête, et prévoit le grand rôle social de l'industrie. Vrai philosophe, il place, avec raison, les inventeurs des arts utiles, presque toujours ignorés, à côté des plus grands génies.

Si lourde qu'elle fût, l'*Encyclopédie* ne lui prenait point tout son temps ; il en savait garder pour ses amis. Il vivait pour eux ; il leur prodiguait ses idées, ses avis, ses aperçus, ses conseils, les largesses littéraires d'une verve toujours à leur disposition et toujours prête.

D'Holbach, Helvétius, Grimm, l'abbé Raynal, etc., tous ont puisé aux sources intarissables de son esprit. « La jalousie des talents, disait-il, est un vice qui m'est étranger. J'atteste tous mes confrères en littérature, lorsqu'ils ont daigné quelquefois me consulter sur leurs ouvrages, si je n'ai pas fait tout ce qui dépendait de moi pour répondre dignement à cette marque de leur estime. »

On aime trop souvent à conter ses chagrins; pour les plaisirs on les sent bien tout seul et on en jouit en silence. Ce n'est pas ainsi qu'en usait Diderot. Dans un de ses *Salons*, écrits pour la *Correspondance littéraire* de Grimm, toujours facile aux confidences, Diderot nous laisse voir, — avec sa bonté naturelle — la cause généreuse d'un enthousiasme parfois excessif.

De tous les écrivains du xviiie siècle, Diderot est, avec Voltaire, celui qui résume le plus complètement le mouvement philosophique. Aujourd'hui Voltaire est dépassé, Diderot toujours actuel. Par sa facilité de caractère, par sa bonté généreuse, sa bienveillance universelle, il a été l'âme et le lien du siècle, le confident et le collaborateur de tous, le chef consulté et obéi, le théoricien dirigeant.

Malgré son apparente instabilité, il était persévérant et tenace. Quand d'Alembert fatigué, inquiet, mécontent, se retira de l'*Encyclopédie*, il aurait voulu que Diderot suivît son exemple. L'œuvre eût été abandonnée. Diderot, plus courageux, poursuivit quinze années encore, à travers la persécution, la calomnie et la gêne, la généreuse et utile entreprise dont il resta le seul chef et dont il fut jusqu'à la fin le plus actif travailleur. « Je me porte à merveille, écrivait-il alors, quoique je fasse tout ce qu'il faut pour venir à bout de ma santé. Je me couche tard, je me lève matin, je travaille comme si je n'avais rien fait de ma vie, que je n'eusse que vingt-cinq ans et la dot de ma fille à gagner. Je ne sais rien prendre modérément, ni la peine, ni le plaisir, et si je me laisse appeler *philosophe* sans rougir, c'est un sobriquet qu'ils m'ont donné et qui me restera. »

Son influence latente par la parole a été aussi grande que son influence d'écrivain. C'était un improvisateur. Il écrivait de verve et ce défaut d'ensemble qu'on remarque parfois dans ses écrits, disparaissait dans le cours libre et varié de la conversation. Catherine II écrivait à Voltaire qu'elle admirait *son imagination intarissable*. Tous les contemporains s'accordent à lui reconnaître cette puissance de parole, cette verve, cette chaleur d'éloquence expansive et féconde. Rousseau, — qui fut plus tard injuste envers lui, comme envers tous, quand il devint défiant et aigri par sa maladie, — disait auparavant à Mme d'Epinay : « Diderot est un génie transcendant, comme il n'y en a pas deux dans ce siècle. » Mme d'Épinay, aidée de l'excellent jugement de Grimm, savait aussi l'apprécier : « Quatre lignes de cet homme, disait-elle, me font plus rêver, et m'occupent plus qu'un ouvrage complet de nos prétendus beaux-esprits. » Le champ d'étude où Diderot promenait sa pensée n'avait point de limites. Le même homme a fait l'histoire de la philosophie, le *Rêve de D'Alembert* et les *Salons!* Quelle science dans ce rêveur, quelle rêverie poétique dans ce savant! Quelle étendue d'esprit! Quel heureux accord de qualités contraires! Certes, l'homme qui a écrit le *Neveu de Rameau* connaissait le monde et la vie. En le lisant, on est saisi, comme Mme d'Épinay, de la justesse de ses observations sur les hommes, les mœurs du temps, sur les caractères. On voit en lui un libre et puissant penseur, sans préjugés, sans fausse pudeur, osant dire tout haut ce qu'il pense.

Diderot se plaisait à Paris où, par la multitude de ses goûts, il jouissait, plus que tout autre, des ressources variées de la grande ville, de la facilité et de l'agrément des relations au xviiie siècle. Un de ses premiers amis fut Rousseau, encore inconnu, avec qui il dînait à l'hôtel du *Panier fleuri*. L'abbé, plus tard cardinal de Bernis, Condillac et son frère, l'abbé Mably se joignaient à eux. Sa liaison avec Mme de Puisieux lui fit publier les *Pensées philosophiques* et la *Lettre sur les aveugles*, qui le mirent en relation avec Voltaire. La création de l'*Encyclopédie* multiplia à l'infini les relations littéraires de Diderot qui connut personnellement tous les artistes, tous les hommes de lettres de son siècle. Sauf Rousseau, il conserva tous ses amis. — La société qu'il préférait était celle du baron d'Holbach, celle d'Helvétius et celle de Mme d'Epinay. Il fréquentait aussi le monde de M^{mo} Geoffrin, de M^{llo} de Lespinasse et de M^{mo} du Deffand ; mais il y était moins chez lui qu'au Grandval, rue Royale ou à la Chevrette.

Il resta jeune et enthousiaste jusqu'à la fin. Son enthousiasme, très particulier, était celui d'un savant en qui la science n'avait pas desséché l'imagination ni le cœur, toujours capable d'aimer passionnément et d'admirer, mais, en même temps, curieux de se rendre compte, et qui veut comprendre ce qu'il admire.

« Nature impressionnable, toujours émue et vibrante, Diderot se laissait aller, en parlant et en écrivant, à l'émotion momentanée qui l'agitait. Il parlait avec abondance, presque au hasard de l'inspiration, sous le choc des sensations rapides qu'il éprouvait. La plupart de ses livres ont été écrits de la sorte, sans préméditation, sans plan, d'abondance et de premier jet, dans ces heures heureuses et rapides d'enthousiasme et d'exaltation. Toujours ému, toujours pensant, Diderot voyait et savait comprendre la poésie des réalités. Poète et savant, il tenait les deux bouts de la chaîne des choses ; et c'est dans le triomphe de la science qu'il plaçait le triomphe de l'idéalisme.

Écrivain inégal, plus improvisateur encore qu'écrivain, il vit surtout dans la mémoire des hommes par son influence, par l'action durable de ses idées.

Poète par l'imagination, comme Montaigne, il trouve, comme lui, le mot puissant, la forme brève et magnifique. Il est grand écrivain par moments, par heureuses rencontres.

Grand remueur d'idées, esprit pénétrant et fécond, il stimule l'attention ; il fait réfléchir, il fait voir loin dans tous les sens, parce qu'il fait penser. Si le génie est la fécondité de l'intelligence, Diderot doué d'une intelligence très féconde avait plutôt du génie que du talent. Ses ouvrages philosophiques, ouvrages où la pensée est toujours si abondante, si pressée et souvent si neuve sont, dit Rœderer, d'un ordre, d'une contexture et d'un style excellents.

Critique original, il a des idées neuves en peinture, en sculpture, comme en art dramatique. Conteur, critique, philosophe, savant naturaliste, journaliste, encyclopédiste, il est tout cela ensemble. Il exprime tout ce qu'il voit, ce qu'il pense et ce qu'il sent dans son style vif et pittoresque qui était, à son époque, original et nouveau.

Diderot souffle le feu sur le XVIIIe siècle. Il n'est pas seulement un plébéien et un démocrate, fils d'un artisan, qui garda toujours le souvenir des misères de sa jeunesse, qui songeait à instruire la canaille bafouée par Voltaire, qui réhabilita les travaux manuels et a voulu apprendre tous les métiers pour en parler avec compétence dans l'*Encyclopédie*, qui a exprimé sur la solidarité humaine et le principe d'autorité en politique, sur l'hérédité monarchique, le danger des armées permanentes, l'assistance publique et l'impôt, des idées en concordance avec celles de la démocratie la plus avancée; c'est aussi un révolutionnaire que 93 peut réclamer comme un de ses précurseurs.

« Diderot eût applaudi, des tribunes de la salle Saint-Jean, les arrêtés de la commune de Paris prescrivant la transformation des établissements religieux en hôpitaux, la laïcisation des hôpitaux, la destruction des loges insalubres de la Salpêtrière, l'amélioration des logements de Bicêtre, l'interdiction des livres superstitieux et de la peine du fouet dans les écoles, l'ouverture des musées et bibliothèques au public, la protection des vieillards, des enfants et des infirmes. »

Tel qu'il est, Diderot a compris, expliqué, éclairé, devancé son temps. Son œuvre n'a point péri. Il a pensé avant nous bien des choses que nous répétons, sans toujours reconnaître qu'il les a dites; il a dit avec feu, avec enthousiasme, ce que d'autres aujourd'hui répètent froidement; il a eu le sentiment ému, profond, délicat et fort des vérités nouvelles.

CHAPITRE II

L'ENCYCLOPÉDIE

Il n'appartient qu'à un siècle philosophe de tenter une *Encyclopédie*, parce qu'un pareil ouvrage demande plus de hardiesse qu'on ne peut en avoir dans les siècles où la théologie domine des esprits crédules et des cœurs pusillanimes.

L'*Encyclopédie* devait être l'inventaire des connaissances humaines au XVIII° siècle.

« On ne peut disconvenir, disait le prospectus, que, depuis le renouvellement des lettres parmi nous, on ne doive en partie aux dictionnaires les lumières générales qui se sont répandues dans la société, et ce germe de science qui dispose insensiblement les esprits à des connaissances plus profondes. »

Combien donc n'importait-il pas d'avoir en ce genre un livre qu'on pût consulter sur toutes les matières, et qui servît autant à guider ceux qui se sentiraient le courage de travailler à l'instruction des autres, qu'à éclairer ceux qui ne s'instruisent que pour eux-mêmes!

« Nous osons dire, écrit Diderot, que si les Anciens eussent exécuté une encyclopédie comme ils ont exécuté tant de grandes choses, et que ce manuscrit se fût échappé seul de la fameuse bibliothèque d'Alexandrie, il eût été capable de nous consoler de la perte des autres. »

Qu'est-ce qu'une encyclopédie?

Ce mot signifie *enchaînement des sciences*. En effet, le but d'une encyclopédie est de rassembler les connaissances éparses sur la surface de la terre; d'en exposer le système général aux hommes avec qui nous vivons et de le transmettre aux hommes qui viendront après nous, afin que les travaux des siècles passés n'aient pas été des travaux inutiles pour les siècles qui succéderont; que nos neveux, devenant plus instruits, deviennent en même temps plus vertueux et plus heureux; et que nous ne mourions pas sans avoir bien mérité du genre humain.

Il eût été difficile de se proposer un objet plus étendu que celui de traiter de tout ce qui a rapport à la curiosité de l'homme, à ses devoirs, à ses besoins et à ses plaisirs.

C'est Diderot qui en eut l'idée, c'est lui qui trouva un éditeur, des collaborateurs, des souscripteurs. C'est lui qui dirigea cette œuvre collective.

Durant près de vingt-cinq ans (1748-1772), il fut, d'abord avec d'Alembert, et ensuite seul, le soutien, la colonne, et comme l'Atlas de cette énorme entreprise, sous laquelle Sainte-Beuve le montre un peu courbé et voûté, mais toujours serein et souriant. L'audace, l'initiative ont permis à Diderot d'entreprendre cette grande œuvre que sa persévérance a fait aboutir. Il y a rassemblé de nombreux articles supérieurs à tous les livres existant sur les mêmes matières.

Sa science immense et, sur certains sujets, profonde, n'est superficielle sur aucun.

L'*Encyclopédie* est bien le résumé du dix-huitième siècle, son œuvre par excellence.

En même temps que le directeur, Diderot en fut le principal ouvrier[1].

---

(1) Diderot a fourni à l'*Encyclopédie* :
8 articles d'agriculture et d'économie rustique ;
4 articles d'architecture ;
2 articles d'astronomie ;
10 articles de botanique ;
2 articles de chimie et physique.

« La conception générale de l'ouvrage, l'esprit qui l'anime, un nombre considérable d'articles importants, l'histoire de la philosophie, la description des arts et métiers, tout cela, dit E. Faguet, revient à Diderot. »

Pour le diriger, il eut, au début, pour collègue, le plus prudent des philosophes, d'Alembert, « tacticien plus adroit que ne l'était Voltaire lui-même, se cachant pour frapper l'*infâme*, dit Louis Blanc, et lançant la flèche sans montrer la main ».

8 articles de commerce, entre autres les articles : « privilège et librairie » ;
31 articles de géographie ancienne et moderne ;
467 articles de grammaire : « définitions et synonymes » ;
85 articles d'histoire ancienne et antiquités ;
84 articles d'histoire moderne ;
42 articles d'histoire ecclésiastique et d'articles sur les superstitions anciennes et modernes ;
10 articles d'histoire naturelle ;
13 articles de jurisprudence ;
57 articles de littérature et beaux-arts ;
23 articles de logique ;
10 articles sur la magie et la divination ;
3 articles de mathématiques ;
18 articles de médecine ;
45 articles de métaphysique.
3 articles de minéralogie et métallurgie ;
131 articles de morale ;
67 articles de mythologie ;
75 articles de philosophie exposant les opinions des philosophes anciens et modernes et l'histoire des sectes et des hérésies ;
33 articles de politique ;
et 25 articles de théologie.

Voltaire encourageait leurs efforts et y applaudissait. Dans sa *Lettre sur l'Encyclopédie*, il exalte leur courage et le mérite de l'œuvre.

Le vestibule de ce prodigieux édifice fut un discours préliminaire composé par M. d'Alembert. « J'ose dire, écrit Voltaire, que ce discours, applaudi de toute l'Europe, parut supérieur à la Méthode de Descartes, et égal à tout ce que l'illustre chancelier Bacon avait écrit de mieux. »

Quand, plus tard, Voltaire se plaignit de rencontrer dans l'*Encyclopédie* des articles dignes du *Journal de Trévoux*, « il y a, répondait tranquillement d'Alembert, d'autres articles moins au jour, où tout est réparé. Le temps fera distinguer ce que nous avons pensé de ce que nous avons dit ».

Diderot veut faire de l'*Encyclopédie* un livre où seront tous les livres. Il veut opposer cette nouvelle Bible, cette *Bible de l'humanité* au livre unique des chrétiens. Il veut y faire le tableau général des efforts de l'esprit humain, dans tous les genres et dans tous les siècles.

A son aptitude encyclopédique, Diderot joignait l'énergie morale, le zèle, l'activité infatigable. Il était à la fois le général en chef, capitaine et le plus vigoureux combattant. N'épargnant point sa peine, il se chargea, outre l'histoire de la philosophie, de tous les nombreux articles dont personne ne voulait. C'est ainsi qu'il exécuta seul la description des arts mécaniques.

« On s'est, dit-il, adressé aux plus habiles de Paris et du royaume. On s'est donné la peine d'aller dans leurs ateliers, de les interroger, d'écrire sous leur dictée, de développer leurs pensées, d'en tirer les termes propres à leur profession, d'en dresser des tables, de les définir, de converser avec ceux dont on avait obtenu des mémoires, et (précaution presque indispensable) de rectifier, dans de longs et fréquents entretiens avec les uns, ce que d'autres avaient imparfaitement, obscurément et quelquefois infidèlement expliqué. Il est des artistes qui sont en même temps gens de lettres ; mais le nombre en est fort petit : la plupart de ceux qui exercent les arts mécaniques ne les ont embrassés que par nécessité, et n'opèrent que par instinct. A peine, entre mille, en trouvera-t-on une douzaine en état de s'exprimer avec quelque clarté sur les instruments qu'ils emploient et sur les ouvrages qu'ils fabriquent. Nous avons vu des ouvriers qui travaillaient depuis quarante années sans rien connaître à leurs machines. Il nous a fallu exercer avec eux la fonction dont se glorifiait Socrate, la fonction pénible et délicate de faire accoucher les esprits, *obstetrix animorum.* »

« Le philosophe moderne, dit Camille Pelletan, c'est Diderot, ceint du tablier du chimiste ou du dissecteur, manipulant amoureusement la matière, tout poudreux, tout maculé du fourneau ou de l'atelier, poursuivant la vie universelle dans le creuset ou sous le scalpel, mêlant aux plus hauts aperçus, aux élans les plus lyriques, des investigations, des conjectures sur la fabrication de l'acier ou sur une expérience nouvelle au sujet de l'électricité, toujours en communion avec la nature, la comprenant, la surprenant à demi-mot, de telle sorte que non seulement il indique des découvertes de détail réalisées après lui, mais encore qu'il entrevoit des horizons qu'il ose à peine dévoiler. »

Il passait des journées entières dans les ateliers; il commençait par examiner attentivement une machine; se la faisait expliquer, démonter, remonter; ensuite l'ouvrier travaillait devant lui. Enfin lui-même prenait la place de l'ouvrier, qu'il étonna plus d'une fois par son adresse et sa pénétration. Il se rendit ainsi familières les machines les plus compliquées, telles que le métier à bas et le métier à fabriquer les velours cisclés. Il finit, dit Génin, par posséder très bien l'art des tissus de toile, de soie et de coton ; et les descriptions qu'il en a données sont le résultat de son expérience.

« J'ai trouvé, disait-il, la langue des arts très imparfaite, et cela par deux causes : la disette des mots propres et l'abondance des synonymes. Il y a des outils qui ont plusieurs noms différents ; d'autres n'ont, au contraire, que le nom générique : engin, machine, sans aucune addition qui les spécifie ; quelquefois la moindre petite différence suffit aux artistes pour abandonner le nom générique et inventer des noms particuliers. Dans la langue des arts, un marteau, une tenaille, une auge, une pelle, etc., ont presque autant de dénominations qu'il y a d'arts. La langue change en grande partie d'une manufacture à une autre.

« C'est aux arts libéraux à tirer les arts mécaniques de l'avilissement où le préjugé les a tenus si longtemps ; les artisans se sont crus méprisables, parce qu'on les a méprisés ; apprenons-leur à mieux penser d'eux-mêmes ; c'est le seul moyen d'en obtenir des productions plus parfaites. Qu'il sorte du sein des académies quelque homme qui descende dans les ateliers, qui y recueille les phénomènes des arts, et qui les expose dans un ouvrage qui détermine les artistes à lire, les philosophes à penser utilement et les grands à faire enfin un usage utile de leur autorité et de leurs récompenses.

« Il y a des époques et des milieux où les métiers et les ouvriers qui les exercent sont dédaignés, et où le travail industriel est considéré comme une besogne nécessaire, mais indigne d'occuper l'esprit. Il en est d'autres où le métier est honoré, entouré d'une active préoccupation intellectuelle; où l'on sent qu'il participe de la science et de l'art, où l'on reconnaît en lui un des terrains de la lutte par laquelle l'homme plie la nature à le servir. »

Diderot porta son intérêt et son attention sur l'industrie de son temps, jusque dans ses procédés techniques.

L'art industriel fit d'admirables progrès au XVIII° siècle. C'est alors, dit Camille Pelletan, que la céramique, le mobilier auparavant massif, architectural, tous les menus objets accommodés aux nécessités de l'existence, assouplirent leurs formes, devenues fluides et vivantes, les adaptèrent à l'intimité de la vie, ennoblirent les usages quotidiens par une élégance à la fois exquise et familière.

« C'est un peuple d'artistes que celui qui créa cette industrie nouvelle; et ce n'est point chose sans importance, de voir un philosophe d'une telle envergure, un écrivain de si grand éclat, consacrer la magnificence de son style et les forces de son génie à ces métiers dédaignés jusqu'à lui, et en faire comprendre toute la haute valeur. »

La distinction des arts libéraux et des arts mécaniques a produit un mauvais effet, en avilissant des gens très estimables et très utiles, et en fortifiant en nous je ne sais quelle paresse naturelle, qui ne nous portait déjà que trop à croire que donner une application constante et suivie à des expériences et à des objets particuliers, sensibles et matériels, c'était déroger à la dignité de l'esprit humain, et que de pratiquer, ou même d'étudier les arts mécaniques, c'était s'abaisser à des choses dont la recherche est laborieuse, la méditation ignoble, l'exposition difficile, le commerce déshonorant, le nombre inépuisable, et la valeur minutielle...

« Mettez dans un des côtés de la balance les avantages réels des sciences les plus sublimes, et des arts les plus honorés, et dans l'autre côté ceux des arts mécaniques, et vous trouverez que l'estime qu'on a faite des uns, et celle qu'on a faite des autres, n'ont pas été distribuées sous le juste rapport de ces avantages, et qu'on a bien

CH. II. — L'ENCYCLOPÉDIE

plus loué les hommes occupés à faire croire que nous étions heureux, que les hommes occupés à faire que nous le fussions en effet. Quelle bizarrerie dans nos jugements ! nous exigeons qu'on s'occupe utilement, et nous méprisons les hommes utiles. »

Mais Diderot ne donne pas son attention seulement aux industries d'art, à ces arts industriels qui touchent et confinent aux beaux-arts, ses tendances démocratiques le conduisent jusqu'aux journaliers, jusqu'aux manœuvres. Un journalier, écrit-il, est un ouvrier qui travaille de ses mains, et qu'on paie au jour la journée. Cette espèce d'hommes forme la plus grande partie d'une nation ; c'est son sort qu'un bon gouvernement doit avoir principalement en vue. Si le journalier est misérable, la nation est misérable.

L'esprit libéral et démocratique qui anime Diderot et qu'il a fait passer dans l'*Encyclopédie* a triomphé dans la France moderne. Il a fait triompher aussi l'esprit d'examen.

Sceptique à la façon de Montaigne, de Descartes et de Bayle, Diderot oppose la raison à la prétendue Révélation divine ; il oppose la libre critique à l'autorité abusive de la tradition. Seule la raison est capable de nous faire voir la vérité, car elle est la lumière de l'esprit : penser, c'est voir.

Le premier volume de l'*Encyclopédie* parut en 1752. Quatre mille trois cents souscripteurs avaient répondu à l'appel. C'était un fait sans précédent que cet inventaire des connaissances humaines dressé par les hommes qu'une si glorieuse entreprise avait seule unis et que mentionnait le *Discours préliminaire* de d'Alembert : Voltaire, qui avait tout de suite pris le tablier de « garçon encyclopédiste », Montesquieu, qui se réservait davantage, mais qui fit preuve de bonne volonté; Rousseau, que sa misanthropie inquiète écarta bientôt; puis le chevalier de Jaucourt, dont le zèle infatigable n'apportait peut-être pas assez de choix dans l'emploi des matériaux; d'Holbach, Grimm, Marmontel, Morillet, le président de Brosses, Dumarsais, Bourgilat, Boulanger, etc.; on dénombrerait plus aisément les hommes remarquables qui s'abstinrent que ceux qui prêtèrent leur concours.

L'encyclopédie marque le moment où le xviiiᵉ siècle eut la pleine conscience de son génie. Elle en est la manifestation tumultueuse, incohérente, mais puissante.

L'*Encyclopédie* ne pouvait qu'être suspecte aux yeux des ennemis de la liberté ! Le choix de la plupart des rédacteurs indiquait assez l'esprit du recueil. On voyait se former une association puissante composée de ce qu'il y avait de plus considérable dans le monde des lettres, des sciences, des arts, soutenue par l'opinion publique, encouragée ou au moins tolérée par la cour, pourvue de moyens d'action énergiques, et qui par la nature même de l'ouvrage allait propager dans toutes les directions les doctrines redoutées de la libre pensée. Prévisions légitimes. Dès que les travailleurs furent à l'œuvre, ils se sentirent unis, solidaires. Isolés jusqu'alors et étrangers les uns aux autres, ils purent s'entendre, se concerter, s'éclairer, marcher du même pas au même but, présenter à l'ennemi un corps compact et difficile à entamer. Il y avait des gens de lettres, des savants, des artistes : il y eut une légion, les encyclopédistes, et un parti, les philosophes. La communauté d'idées les avait réunis, la communauté de périls cimenta l'union.

C'est Diderot qui le premier conçut et esquissa dans ses traits essentiels une histoire générale des systèmes philosophiques de l'antiquité. Diderot releva les ruines de l'église des sages, il reconstitua ce grand diocèse qui compte parmi ses membres Aristote, Zénon, Cicéron et bien d'autres qui ne veulent pas se laisser enfermer dans les symboles officiels.

Le jour où Diderot, rédacteur en chef de l'*Encyclopédie*, directeur, administrateur, fort recherché par conséquent, et fort en vue, devint un personnage, Rousseau, son ami de longtemps, commença à craindre qu'ils ne fussent pas faits l'un pour l'autre. Il lui sembla que son ami le prenait d'un peu haut avec lui, qu'il abusait de sa supériorité ; son orgueil maladif fut atteint.

M. Paul Albert fait remarquer que « Diderot était terriblement en dehors et souvent, sans s'en douter, écrasait tout ce qui se trouvait à sa portée, comme ces chênes puissants qui interceptent l'air et la lumière et ne laissent que l'ombre aux chétifs arbustes. Chez les Dupin, chez Mme d'Epinay, chez Helvétius, d'Holbach, partout, cette exubérante personnalité s'étalait naïvement, par un besoin de nature, et tous lui étaient indulgents car ils y trouvaient leur profit : il y avait en lui des torrents d'idées, d'enthousiasme, de poésie. Les indigents comme d'Holbach, Helvétius, l'abbé Raynal, se penchaient et prenaient des notes ; Grimm emportait des articles tout faits pour sa correspondance. Si d'Holbach était le maître d'hôtel de la philosophie, Diderot était l'approvisionneur des esprits.

D'Alembert et Diderot prirent sur eux la responsabilité de tout l'ouvrage ; mais ils s'efforcèrent de rattacher à la rédaction les hommes les plus distingués de l'époque. On remarque parmi les auteurs de l'*Encyclopédie*, Dumarsais, Daubenton, Rousseau, qui donna l'article *Musique* ; Buffon l'article *Nature*, et le chevalier de Jaucourt, qui rédigea avec un dévouement à la science que rien ne put lasser, tous les articles concernant la physique et l'histoire naturelle. A dater du troisième volume, d'Holbach, La Condamine, Marmontel et Langlet Dufresnoy, qui fit l'article *Histoire*, se joignirent aux premiers. A dater du tome quatrième, il faut ajouter Duclos (*Déclamation des anciens*), Boulanger (*Corvée* et *Déluge*), Voltaire, qui commença de fournir beaucoup d'articles, Montesquieu qui fit l'article *Goût*, le comte de Trenau, le président de Brosses, l'abbé Morellet, Dauville, Quesnay, Necker (*Frottement*) et Turgot qui fournit un mémoire dont on fit usage à l'article *Coton*.

Les auteurs de l'*Encyclopédie* prenaient d'ailleurs de toutes mains et pillaient, sans s'en cacher lorsqu'on le leur reprochait, Trévoux et Buffier, Furetière et Basnage.

D'Alembert et Diderot revoyaient tous les articles et donnaient à l'ouvrage entier la teinte générale de leurs opinions. Diderot surtout, qui était spécialement chargé de la partie philosophique. La variété des écrivains n'était donc pas tant qu'on pourrait le croire à l'unité de dessein et d'intention.

Découragé par les tracasseries du Gouvernement qui tantôt tolérait, tantôt ordonnait de suspendre l'*Encyclopédie*, mécontent aussi des libraires-éditeurs, d'Alembert abandonna l'entreprise avant la fin et cessa d'y prendre part après la publication du huitième volume.

Diderot, lui, ne se fatigua ni ne se rebuta jamais, et fût sans relâche l'âme véritable de l'*Encyclopédie*. Il y aborda et y traita toute sorte de sujets, les faits historiques et les faits fabuleux, les usages anciens et modernes, la philosophie et les superstitions, la politique et la grammaire. Il y rédigea entièrement tout ce qui concerne les arts mécaniques (990 articles).

Dans les articles philosophiques, sa prédilection pour Hobbes, Locke et Shaftesbury est nettement marquée.

La morale de l'*Encyclopédie* est la morale utilitaire, la morale de l'intérêt et du bonheur. Selon Diderot, l'homme cherche le bonheur, et c'est dans ce but que la Société a été établie. Nous avons des passions qui créent en nous des besoins, et ces besoins se résument tous dans le désir inné du bonheur. Il faut donc, dans ce but, raisonner nos actions, c'est-à-dire faire servir au développement de notre nature sensible la raison.

A l'article *Immortalité*, Diderot ne parle que de cette espèce de vie que nous acquérons dans la mémoire des hommes.

A l'article *Epicure*, il dit : « Epicure est le seul d'entre tous les philosophes anciens qui ait su concilier sa morale avec ce qu'il pouvait prendre pour le vrai bonheur de l'homme, et ses préceptes avec les appétits et les besoins de la nature. »

La soumission à la volonté générale est le lien de toutes les sociétés ; les lois doivent être faites dans l'intérêt du bonheur de tous. Le bonheur de tous, qui est le seul légitime, exige que la puissance législative appartienne à la volonté générale. Dans sa mobilité, la loi doit toujours être l'expression exacte de la volonté générale. La volonté des peuples est le fondement du droit et de la puissance des souverains. Dans l'article *Autorité*, Diderot attaque l'axiome que toute puissance vient de Dieu ; il déclare que le prince ne tient que de ses sujets l'autorité qu'il a sur eux.

Dans les questions esthétiques, Diderot pense que le beau est relatif à nous. La diversité des rapports perçus est ainsi la cause de la diversité des opinions humaines sur la beauté.

Toutes nos idées de beauté sont tirées de l'expérience; elles se résolvent ainsi dans la notion essentiellement variable et complexe des rapports.

Dans l'article *Académie*, Diderot montre comment l'établissement des académies a contribué au développement de l'esprit laïque dans la direction des intérêts moraux de la société.

Dans l'article *Encyclopédie*, il expose ses idées sur le projet d'un dictionnaire universel raisonné des connaissances humaines, sur sa possibilité, sa destination, ses matériaux, l'ordonnance générale de ces matériaux, le style, la méthode, les renvois, la nomenclature, les manuscrits, les auteurs, les conteurs, les éditeurs et le typographe.

Dans aucun article Diderot n'a déployé avec plus d'aisance cette faculté rare qu'il avait de s'occuper de toute espèce de sujets avec un égal enthousiasme.

L'*Encyclopédie* ou Dictionnaire raisonné des

sciences, arts et métiers, par une société de gens de lettres, mis en ordre par Diderot et quant à la partie mathématique par d'Alembert, se compose de 17 vol. in-folio, dont le premier parut en 1751, le dernier en 1765. Un supplément de 5 vol. parut en 1776-77. L'*Encyclopédie* fut réimprimée à Genève en 1777, 39 vol. et à Berne et Lausanne en 1778, 72 vol.

Enfin, le 25 juillet 1765, Diderot pouvait écrire à Mlle Volland : « Enfin je n'y viendrai plus guère dans ce maudit atelier où j'ai usé mes yeux pour des hommes qui ne me donneront pas un bâton pour me conduire... Dans huit ou dix jours, je verrai donc la fin de cette entreprise qui m'occupe depuis vingt ans, qui n'a pas fait ma fortune, à beaucoup près, qui m'a exposé plusieurs fois à quitter ma patrie ou à perdre ma liberté et qui m'a consumé une vie que j'aurais pu rendre plus utile et plus glorieuse. »

— « Je proteste que l'entreprise de l'*Encyclopédie* n'a pas été de mon choix ; une parole d'honneur très indiscrètement accordée, m'a livré pieds et poings liés, à cette énorme tâche et à toutes les peines qui l'ont accompagnée. J'y ai mis tout ce que j'avais de temps, de santé, de connaissance et de capacité. Si je n'ai pas mieux fait, c'est qu'il n'était pas en mon pouvoir de mieux faire...

« Quitte envers le public, les magistrats, les libraires et moi-même, je me hâte de retourner à la tranquillité de mon cabinet et à la douceur de mes études, dont je ne me suis pas laissé distraire sans répugnance et que je ne sacrifierai pas davantage... »

« J'ai travaillé près de trente ans à cet ouvrage. De toutes les persécutions qu'on peut imaginer, il n'en est aucune que je n'aie essuyée. L'ouvrage a été proscrit et ma personne menacée par différents édits du roi et par plusieurs arrêts du Parlement.

« Nous avons eu pour ennemis déclarés la Cour, les grands, les militaires, qui n'ont jamais d'autres avis que celui de la Cour, les prêtres, la police, les magistrats, ceux d'entre les gens de lettres qui ne coopéraient pas à l'entreprise, les gens du monde, ceux d'entre les citoyens qui s'étaient laissés entraîner par la multitude. Cependant, au milieu de ce déchaînement général, tout le monde souscrivait. Ils voulaient avoir l'ouvrage et perdre les auteurs.

« On fit du nom d'encyclopédiste une espèce d'étiquette odieuse qu'on attacha à tous ceux qu'on voulait montrer au roi comme des sujets dangereux, désigner au clergé comme ses ennemis, déférer aux magistrats comme des gens à brûler et traduire à la nation comme de mauvais citoyens. Un encyclopédiste est, encore aujourd'hui, un homme de sac et de corde, sans qu'on sache quand cela finira ; c'est ainsi qu'on nous peignait dans les cercles de la société et dans les chaires des églises, et l'on continue.

« Il n'est pas surprenant qu'au milieu de ces troubles incessants, l'*Encyclopédie*, avec toutes les qualités d'un excellent ouvrage, ait tous les défauts d'un mauvais.

« Il serait digne de Sa Majesté Impériale (l'impératrice Catherine II) de porter l'*Encyclopédie*, qui n'est qu'un précieux manuscrit, à l'état d'un bel ouvrage.

« L'*Encyclopédie*, telle qu'elle est, n'est ni sans mérite, ni sans considération. Combien sa réputation et son utilité ne s'accroîtraient-elles pas si elle était ce qu'elle peut être !

« J'ai en ma disposition tous mes coopérateurs, tous mes amis, sans en excepter d'Alembert.

« Je puis, sans le même danger, avec la multitude des secours qui m'environnent, une douzaine de coopérateurs et le grand nombre de choses qui sont assez bien faites pour n'avoir besoin que d'une revision légère, porter dans un intervalle de temps assez court cette énorme entreprise à un tel degré de perfection que, de plus d'un siècle, nos successeurs ne trouveront pas matière à un supplément de vingt feuilles.

« Je m'engage à envoyer le manuscrit complet à Sa Majesté Impériale dans le courant de la sixième année, à compter du jour de mon arrivée en France.

« L'ouvrage, cette fois, sera fait avec liberté; on suppléera ce qui manque; les articles défectueux seront rectifiés; les redondants seront resserrés; les mutilés seront étendus; les renvois seront soigneusement indiqués et remplis; je donnerai à la partie des arts mécaniques toute l'exactitude dont elle est susceptible.

« Je prendrai sur moi la direction générale, toute la partie des arts mécaniques, discours et planches, l'histoire de la philosophie ancienne et moderne, et tout ce qui tend à la langue usuelle.

« Je n'ambitionne d'autre honoraire que celui de consacrer les dernières années de ma vie à construire un grand monument littéraire sur lequel je puisse inscrire le nom de ma bienfaitrice et de laisser après moi sur la terre quelque trace durable de mon existence.

« Que Sa Majesté impériale ordonne et tout sera fait à point nommé. »

A son retour à la Haye, Diderot espérait encore cette refonte de son ouvrage au compte de l'impératrice de Russie. « J'y mettrai, disait-il au docteur Clerc, les quinze dernières années de ma vie, mais qu'ai-je à faire de mieux ? »

Diderot n'avait plus alors que dix années à vivre et ces dix années n'auraient pas suffi pour un pareil labeur.

Il y avait quelque grandeur dans le projet de tracer un inventaire de tout ce que l'esprit humain croyait savoir ; le plan esquissé par d'Alembert est d'une main ferme et sûre. Voltaire et Montesquieu furent enrôlés dans la milice des travailleurs ; l'on ne peut, dit Villemain, contester la puissance de Diderot qui s'y multipliait, prodiguant l'érudition, écrivain parfois obscur, capricieux, emphatique, mais esprit vaste, et portant dans beaucoup de détails un rare degré de précision et de vigueur.

CHAPITRE III

DIDEROT ÉCRIVAIN

I

Parmi tant d'écrivains supérieurs, dit Taine, Diderot est le seul qui soit un véritable artiste, un créateur d'âmes, un esprit en qui les objets, les événements et les personnages naissent et s'organisent d'eux-mêmes.

L'homme qui a écrit les *Salons*, les *Petits Romans*, les *Entretiens*, le *Paradoxe du Comédien*, surtout le *Rêve de d'Alembert* et le *Neveu de Rameau*, est d'espèce unique en son temps. Si alertes et si brillants que soient les personnages de Voltaire, ce sont toujours des mannequins; leur mouvement est emprunté; on entrevoit toujours derrière eux l'auteur qui tire la ficelle.

Chez Diderot, ce fil est coupé; il ne parle point par la bouche de ses personnages, ils ne sont pas pour lui des porte-voix ou des pantins comiques, mais des êtres indépendants et détachés à qui leur action appartient, dont l'accent est personnel, ayant en propre leur tempérament, leurs passions, leurs idées, leur philosophie, leur style et leur âme, parfois, comme le *Neveu de Rameau*, une âme si originale, si complexe, si complète, si vivante et si difforme qu'elle devient dans l'histoire naturelle de l'homme un monstre incomparable et un document immortel. Il a dit tout sur la nature, sur l'art, la morale et la vie, en deux opuscules dont vingt lectures successives n'usent pas l'attrait et n'épuisent pas le sens : trouvez ailleurs, si vous pouvez, un pareil tour de force et un plus grand chef-d'œuvre ; « rien de plus fou et de plus profond ».

Il avait de l'artiste, l'imagination, l'ardeur, l'enthousiasme, l'amour du beau et le respect de l'art. L'un des beaux moments de Diderot, dit un contemporain [1], c'est lorsqu'un auteur le consultait sur son ouvrage. Si le sujet en valait la peine, il fallait le voir s'en saisir, le pénétrer et, d'un coup d'œil, découvrir de quelles richesses et de quelles beautés il était susceptible. Il refaisait l'ouvrage en l'improvisant ; après quoi il

---

[1] Marmontel.

vous le vantait comme s'il ne l'avait pas créé lui-même.

Il savait raconter mieux que personne, mieux que Le Sage, mieux que Voltaire, aussi vivement et fortement que Mérimée, avec plus de verve.

Il a partout aimé à regarder et à revoir. Il regardait ; puis, dans son cabinet, ou dans le fiacre où il roulait la moitié de la journée, il revoyait la figure, l'attitude, le geste, la scène ; puis, devant son papier, il revoyait encore, avec plus de netteté et dans un plus haut relief, en écrivant.

Tout ce qu'il nous a raconté, ce sont des anecdotes vraies, des historiettes de son temps ; ce sont les petits mémoires de son siècle.

Diderot était l'homme des digressions, des échappées et des parenthèses plus longues que les phrases... *Gil Blas* est composé, quoi qu'on puisse dire. Le personnage de Gil Blas lui fait un centre et lui donne son unité. *Candide* est composé. Il gravite autour d'une idée dont on sent toujours la présence, et qui, de temps à autre, ramène à elle le regard. Ni *Jacques*, ni la *Religieuse*, ni les *Bijoux* ne sont composés, parce que Diderot ne sait pas rassembler son œuvre autour d'un caractère, ni autour d'une idée importante et considérable.

Diderot écrivain sait voir et faire voir : il est moderne, précurseur de l'école réaliste et naturaliste avec le sentiment et la verve ; il est vivant et vrai.

Diderot comprend le monde visible et sait le peindre. Ses lettres donnent l'impression du monde où il vit.

✗ Par ses romans, il est le précurseur de la littérature de notre siècle. On y trouve ce qui fait la beauté du roman moderne : la nature, la vérité, l'observation.

Le roman de Rousseau est fait d'éloquence et de sentiment; celui de Voltaire de philosophie étincelante ; Diderot sait faire vivre des hommes. Est-ce que nous ne connaissons pas, comme si nous les avions rencontrés, tous ceux qu'il nous montre : *le Neveu de Rameau, Jacques et son maître, le paysan Bigre et son fils*.

Et n'allez pas croire, dit Sainte-Beuve, que, pour écrire vite, il écrit au hasard. Ce style, en ses passages les plus rapides, est savant, nombreux, plein de ces effets d'harmonie qui correspondent aux nuances les plus secrètes du sentiment et de la pensée. Il est plein de reflets de nature et de verdure. ✗

Tandis que Le Sage, dit M. Ducros, avait intéressé le lecteur aux détails de la vie ordinaire dans la classe moyenne, Richardson et Jean-Jacques, c'est-à-dire *Paméla* et la *Nouvelle Héloïse*, en attendant *Paul et Virginie* et *Werther* relevèrent ces humbles détails et ces modestes personnages, en leur donnant la flamme de la passion et l'auréole de la poésie.

Diderot apporte à la littérature des œuvres vraies, senties, vécues. Les personnages existent, il les connaît. Dans l'*Entretien d'un père avec ses enfants*, c'est son père, le bon forgeron, qu'il met en scène ; c'est son frère, sa sœur et lui-même qui sont groupés autour de lui dans cette scène de famille ; les visiteurs eux-mêmes lui sont connus ; ce sont des compatriotes, des habitants de Langres, sa patrie. Aussi sont-ils réels et bien vivants ; Diderot les montre tels qu'ils étaient et leur fait parler exactement le langage que nous attendions de chacun d'eux.

« Les souvenirs manifestes de l'auteur[1], les interruptions des assistants, tout contribue à produire l'illusion de la vie et de la réalité. »

La *Religieuse*, c'est le voile levé sur les honteux mystères de la vie monastique. Une religieuse, échappée de son couvent, raconte elle-même son

[1] M. Ducros.

histoire et détaille dans ses lettres tout ce qu'elle a vu d'odieux et les persécutions qu'elle a souffertes.

Cette peinture énergique de la vie secrète des couvents de femmes, où il y a de l'éloquence, de la sensibilité et du naturel, fut une mystification jouée au bon Monsieur de Croismare.

Enfant naturel, Suzanne a été mise au couvent malgré elle. Voulant en sortir, elle raconte elle-même son histoire au marquis, qui crut parfaitement à la réalité de la sœur Suzanne, à ses malheurs, à son évasion.

Dans cette fiction ingénieuse, Diderot a donné à sœur Suzanne un caractère tout ordinaire et vrai. Il n'en montre que mieux l'abus de la contrainte religieuse et le danger des fausses vocations.

La Religieuse dénote dans son auteur le talent de raconter et le don d'émouvoir. Diderot y montre fort bien, « par le menu, les petites tracasseries et les petites cabales que fait naître et qu'exaspère la vie renfermée et le contact de tous les jours, de toutes les heures, entre gens qui ne s'aiment point. En une foule d'endroits, dit M. Ducros, son récit est vivant, passionné et point déclamatoire ».

On retrouve partout, en Diderot, le philosophe sous le romancier[1].

M. Joseph Reinach a montré dans les *Bijoux indiscrets* l'origine des observations de Diderot sur le théâtre. En effet, Diderot demande déjà, là où l'on ne s'y attendait pas, le retour à la vérité et à la nature. « A-t-on, dit-il, jamais parlé comme nous déclamons? Les princes et les rois marchent-ils autrement qu'un homme qui marche bien? Les princesses poussent-elles en parlant des sifflements aigus? »

Le *Neveu de Rameau* est un portrait fait de génie. Qu'on se figure un personnage de La Bruyère tracé avec la largeur de touche et la plénitude de Saint-Simon.

Le neveu de Rameau est un singulier type, abbé parasite, musicien proxénète, entrepreneur de succès pour les filles de théâtre, il est aussi marié de façon intermittente.

---

[1] ... « J'entrevis dans l'éloignement un enfant qui marchait à pas lents, mais assurés... je le vis diriger vers le ciel un long télescope, estimer à l'aide d'un pendule la chute des corps, constater avec un tube rempli de mercure la pesanteur de l'air, et, le prisme à la main, décomposer la lumière. C'était alors un énorme colosse; sa tête touchait aux cieux, ses pieds se perdaient dans l'abîme; il secouait de la main droite un flambeau.
— Quelle est, demandai-je à Platon, cette figure gigantesque qui vient à nous?
— Reconnaissez l'*Expérience*.

« Quelquefois Rameau est maigre et hâve comme un malade au dernier degré de la consomption; on compterait ses dents à travers ses joues, on dirait qu'il a passé plusieurs jours sans manger, ou qu'il sort de La Trappe. Le mois suivant, il est gros et replet comme s'il n'avait pas quitté la table d'un financier, ou qu'il eût été renfermé dans un couvent de Bernardins. Aujourd'hui en linge sale, en culotte déchirée, couvert de lambeaux, presque sans souliers, il va la tête basse, il se dérobe, on serait tenté de l'appeler pour lui donner l'aumône; demain, poudré, frisé, chaussé, bien vêtu, il marche la tête haute, il se montre, et vous le prendriez à peu près pour un honnête homme; il vit au jour le jour, triste ou gai, selon les circonstances... C'est un composé de hauteur et de bassesse, de bon sens et de déraison... il montre ce que la nature lui a donné de bonnes qualités sans ostentation, et ce qu'il en a reçu de mauvaises sans pudeur... »

Sa morale est bien simple : bonne table, bon lit, de l'argent dans sa poche « et vive la sagesse de Salomon ! »

Ce type-là n'a point disparu, il y a toujours, parmi nous, beaucoup de neveux de Rameau.

« Boire de bons vins, se gorger de mets délicats, avoir de jolies femmes, se reposer sur des lits bien mollets; excepté cela, le reste n'est que vanité. »

Ceux-là sont, à ses yeux, des esprits bizarres qui ne regardent pas la richesse comme la chose du monde la plus précieuse. Ne lui vantez pas certains principes généraux de je ne sais quelle morale que les gens ont sans cesse à la bouche et que personne ne pratique. Dans la nature toutes les espèces se dévorent; toutes les conditions se dévorent dans la société.

La Deschamps autrefois, aujourd'hui la Guinard, venge le prince du financier et c'est la femme de modes et l'escroc qui vengent le financier de la Deschamps.

Au milieu de tout cela, il n'y a que l'imbécile qui soit vexé sans avoir vexé personne.

« Pour moi, j'aurais été vertueux, si la vertu avait conduit à la fortune; on m'a voulu ridicule et bouffon et je me le suis fait; pour vicieux, nature seule en avait fait les frais; et quand je dis vicieux, c'est uniquement pour parler votre langue, car si nous venions à nous expliquer, il pourrait arriver que ce que vous appelez vice, moi je l'appelle vertu. »

Dans son *Tableau de Paris*, Mercier, qui l'a connu, nous dit : « Il réduisait à la mastication tous les prodiges de la valeur, toutes les opérations du génie, tous les dévouements de l'héroïsme, enfin tout ce qu'on faisait de grand dans le monde. Selon lui, tout cela n'avait d'autre but ni d'autre résultat que de placer quelque chose sous la dent. Il prêchait cette doctrine avec un geste expressif et un mouvement de mâchoire très pittoresque. »

Piron l'a vu aussi « cabrioler, fouler aux pieds les riches et les grands, et pleurer de misère; se moquer de son oncle et se parer de son grand nom; vouloir l'imiter, l'atteindre, l'effacer et ne vouloir plus se remuer; lion à la menace, poule à l'exécution; aigle de tête, tortue et belle écrevisse de pieds; au demeurant, le meilleur fils du monde. »

Jacques le Fataliste est une suite d'épisodes où se rencontrent de très belles pages. « Je voudrais bien, disait Doudon à Mlle Godard (23 mars 1869), avoir un Diderot à ma disposition et pouvoir y marquer les passages lisibles de *Jacques le Fataliste*. Il y faudrait sans doute de terribles coupures, mais je ne sais nul exemplaire à deux lieues à la ronde. C'est fâcheux, car on y trouve des récits d'une vivacité singulière et des traits d'une force qui rappelle les belles gravures à l'eau-forte de certains maîtres rudes et énergiques. »

Mais ce Diderot est un lion qui n'est pas présentable ; il serait nécessaire de le tondre, de lui couper les ongles, de lui arracher les dents, et ce ne serait plus tout à fait un lion.

Cependant on peut lire, d'un bout à l'autre, l'histoire de M%me% de La Pommeraie.

Quant au reste, c'est une suite d'histoires enfilées les unes au bout des autres, sans aucun rapport, au hasard d'une conversation entre Jacques, son maître et une hôtesse de cabaret. Pendant que l'hôtesse raconte, son mari, ses valets, lui font, à chaque instant, ouvrir des parenthèses, pour la clef de la cave, pour un courrier qui arrive ou qui part, pour un picotin d'avoine, etc.

Jacques n'est pas un roman, c'est une histoire décousue, comme la vie elle-même, où l'auteur raconte tout ce qui arrive à ses voyageurs, et à mesure qu'il arrive. C'est un tissu de digressions.

Pendant que le maître de Jacques sort, on lui vole son cheval ; plus tard, Jacques aperçoit, dans un champ, un laboureur en train de rouer de coups un cheval attelé à la charrue ; ce cheval, c'est justement le cheval de son maître. Il n'y a, dans ce récit que deux personnages, Jacques et son maître, mais dans les histoires qu'il raconte, dans les contes qui se pressent les uns derrière les autres, en chapelet, il y a un débordement de vie, de verve et de gaieté.

Dans l'intervalle d'une histoire à l'autre, il y a de jolis tableaux réalistes et naturalistes.

A l'auberge, par un jour de pluie, « Jacques se leva de grand matin, mit la tête à la fenêtre pour voir quel temps il faisait, vit qu'il faisait un temps détestable, se recoucha et nous laissa dormir, son maître et moi, tout qu'il nous plut. Jacques et son maître, et les autres voyageurs qui s'étaient arrêtés au même gîte, crurent que le ciel s'éclaircirait sur le midi ; il n'en fut rien, et la pluie de l'orage ayant gonflé le ruisseau qui séparait le faubourg de la ville, au point qu'il eût été dangereux de le passer, tous ceux dont la route conduisait de ce côté, prirent le parti de perdre une journée et d'attendre. Les uns se mirent à causer ; d'autres à aller et venir, à mettre le nez à la porte, à regarder le ciel et à rentrer en jurant et frappant du pied ; plusieurs à politiquer et à boire, beaucoup à jouer, le reste à fumer, dormir et ne rien faire. »

Jacques, en racontant à son maître comment il avait été blessé à la guerre, s'était écrié : « Ah ! monsieur, je ne crois pas qu'il y ait de blessures plus cruelles que celles du genou — Allons

CH. III. — LES ROMANS ET LES CONTES

donc, Jacques, tu te moques... « A peine le maître de Jacques lui eut-il fait cette impertinente réponse, que son cheval bronche et s'abat, que son genou va s'appuyer rudement sur un caillou pointu, et que le voilà criant à tue-tête : « Je suis mort, j'ai le genou cassé. » Jacques remarque que les douleurs des autres nous laissent fort insensibles, et que, quoi qu'il arrive aux genoux de nos camarades, nous ne plaignons jamais que les nôtres.

Jacques le Fataliste contient l'histoire touchante de Mme de La Pommeraye. C'est le récit d'une vengeance de femme, laquelle fait épouser à son amant qui la délaisse, la fille d'une aventurière tenant un tripot. M. des Arcis, qui aime sa femme, est trompé par elle, il lui pardonne dans une scène très émouvante qui a peut-être inspiré l'auteur d'un *Supplice d'une Femme* et des *Idées de Madame Aubray*.

« ...J'ai respecté ma femme en vous; il n'est pas sorti de ma bouche une parole qui l'ait humiliée, ou du moins je m'en repens, et je proteste qu'elle n'en entendra plus aucune qui l'humilie, si elle se souvient qu'on ne peut rendre son époux malheureux sans le devenir. Soyez honnête, soyez heureuse et faites que je le sois. Levez-vous, je vous en prie; ma femme, levez-vous et embrassez-moi; Madame la marquise, levez-vous, vous n'êtes pas à votre place; Madame des Arcis, levez-vous.

« Pendant qu'il parlait ainsi, elle était restée le visage caché dans ses mains, et la tête appuyée sur les genoux du marquis; mais au mot de ma femme, au mot de Madame des Arcis, elle se leva brusquement et se précipita sur le marquis, elle le tenait embrassé, à moitié suffoquée par la douleur et par la joie. »

A-t-on écrit sur l'amitié des pages plus délicates que ce petit récit : *Les deux amis de Bourbonne?* Ils s'aimaient comme on existe, comme on vit, sans s'en douter. Olivier avait une fois sauvé la vie à Félix qui avait failli se noyer; ils ne s'en souvenaient ni l'un ni l'autre. Cent fois Félix avait tiré Olivier des aventures fâcheuses où son caractère impétueux l'avait engagé et jamais celui-ci n'avait songé à l'en remercier; ils s'en retournaient ensemble à la maison sans se parler ou en parlant d'autre chose.

Félix était contrebandier; il est pris, condamné à mort et il va être exécuté. Olivier survient, délivre son ami, puis songe ensuite à se sauver lui-même. « Mais un soldat de maréchaussée lui avait percé le flanc d'un coup de baïonnette, sans qu'il s'en fût aperçu. Il gagna la porte de la ville, mais il ne put aller plus loin; des voituriers charitables le jetèrent sur leur charrette et le déposèrent à la porte de sa maison, un moment avant qu'il expirât; il n'eut que le temps de dire à sa femme : « Femme, approche, que je t'embrasse; je me meurs, mais Félix est sauvé. »

« Mon père, homme d'un excellent jugement, mais homme pieux, était renommé dans sa province pour sa probité rigoureuse. Les pauvres pleurèrent sa perte, lorsqu'il mourut. Son image sera toujours présente à ma mémoire; il me semble que je le vois dans son fauteuil à bras, avec son maintien tranquille et son visage serein; il me semble que je l'entends encore. »

Ainsi débute l'*Entretien d'un père avec ses enfants, du danger de se mettre au-dessus des lois* (1773).

« Voici l'histoire d'une de nos soirées, et un modèle de l'emploi des autres.

C'était en hiver. Nous étions assis autour de lui, devant le feu, l'abbé, ma sœur et moi. Il me disait, à la suite d'une conversation sur les inconvénients de la célébrité : « Mon fils, nous avons fait tous les deux du bruit dans le monde; avec cette différence que le bruit que vous faisiez avec votre outil vous ôtait le repos, et que le bruit que je faisais avec le mien ôtait le repos aux autres. » Après cette plaisanterie, bonne ou mauvaise, du vieux forgeron, il se mit à rêver... Puis il raconta à ses enfants comment une fois dans sa vie, il a été sur le point de les ruiner de fond en comble.

« Avant que je commence, dit-il à sa fille, petite sœur, relève mon oreiller qui est descendu trop bas. A moi : Et toi, ferme les pans de ma robe de chambre, car le feu me brûle les jambes... Vous avez tous connu le curé de Thivet.

« Le remords naît peut-être moins de l'horreur de soi que de la crainte des autres ; moins de la honte de l'action, que du blâme et du châtiment qui la suivraient s'il arrivait qu'on la découvrît. Et quel est le criminel clandestin assez tranquille dans l'obscurité pour ne pas redouter la trahison d'une circonstance imprévue, ou l'indiscrétion d'un mot peu réfléchi ? quelle certitude a-t-il qu'il ne se décèlera point dans le délire de la fièvre ou du rêve ?... Mes enfants, les jours du méchant sont remplis d'alarmes. Le repos n'est fait que pour l'homme de bien. C'est lui seul qui vit et meurt tranquille. »

Dans ce récit, Diderot se demande si l'équité naturelle n'est pas au-dessus de la loi, comme l'homme est antérieur à l'homme de loi. Son père lui dit : « Mon fils, c'est un bon oreiller que celui de la raison ; mais je trouve que ma tête repose plus doucement encore sur celui de la religion et des lois. »

C'est de l'histoire naturelle que Diderot tire la vérité morale. L'homme ne l'a point reçue toute faite ; elle se fait en lui et il l'exprime.

La morale commune exprimée par la loi est une moyenne ; tel homme peut se sentir meilleur qu'elle et agir, à ses risques, d'après son inspiration.

C'est ainsi que le sage peut être au-dessus des lois.

Le tableau qui encadre ces réflexions morales est réel et vivant.

C'était en hiver...

Et l'histoire se déroule, le plus naturellement du monde avec les réflexions et les interruptions de ses enfants.

— Mon père, c'est qu'à la rigueur il n'y a point de lois pour le sage. Toutes étant sujettes à des exceptions, c'est à lui qu'il appartient de juger des cas où il faut s'y soumettre ou s'en affranchir.

— Je ne serais pas trop fâché, me répondit-il, qu'il y eût dans la ville un ou deux citoyens comme toi ; mais je n'y habiterais pas s'ils pensaient tous de même.

Insuffisant romancier, dit M. Ducros, Diderot fut un excellent conteur. Il sait, dans ses courtes histoires, esquisser une physionomie, dessiner un geste, enlever rapidement une anecdote ; il a l'œil qui voit vite et bien, discernant surtout les détails expressifs, il a la mémoire imaginative qui conserve fidèlement tous ces détails ; il a la verve enfin qui, si elle ne crée pas les personnages, sait du moins les faire parler.

II

« Aux yeux des peintres et des sculpteurs de son temps, Diderot était comme un des leurs. De plus, il était parmi eux le penseur, l'homme aux idées générales, le philosophe de cette poésie qui s'exprime sur la toile ou sur le marbre. A ce titre, il avait autorité sur eux, il les dirigeait, les conseillait, les corrigeait et, la plume à la main, leur servait de guide et de maître. C'est ainsi qu'il a été *le grand journaliste moderne*, l'Homère du genre intelligent, chaleureux, expansif, éloquent ; jamais chez lui, toujours chez les autres, ou, si c'était chez lui et au sein de sa propre idée qu'il les recevait, le plus ouvert alors, le plus hospitalier des esprits, le plus ami de tous et de toute chose, et donnant à tout son monde, tant lecteurs, qu'auteurs ou artistes, non pas une leçon, mais une fête[1]. »

Ami de Falconnet, qu'il avait fait appeler à Pétersbourg par Catherine, pour y élever le monument qu'elle voulait consacrer à la mémoire de Pierre le Grand, il lui donne les meilleurs et les plus nobles conseils sur l'art et sur les idées morales et désintéressées qui doivent diriger l'artiste.

Falconnet, qui avait ses raisons pour cela, n'avait pas grande confiance dans la postérité et ne travaillait point pour elle. Cela choquait en Diderot le poète, l'artiste, l'homme prompt à l'enthousiasme et toujours désintéressé d'argent dans ses travaux. Il s'en explique à plusieurs reprises très vivement dans sa correspondance avec Falconnet. Il cherche à lui inspirer l'amour de la gloire, le désir de l'immortalité qu'elle procure, immortalité qui est la seule possible, mais bien suffisante pour inspirer de nobles efforts.

Le sentiment de l'immortalité et le respect de

[1] Sainte-Beuve.

la postérité n'excluent aucune sorte d'émulation; ils soutiennent la verve, émeuvent le cœur et élèvent l'âme. Ce sont deux germes de grandes choses, deux promesses aussi solides qu'aucune autre, deux jouissances aussi réelles que la plupart des jouissances de la vie, mais plus honnêtes et plus dignes d'un homme.

« Lorsque, sur la garantie de tout un siècle qui m'environne, je puis me dire : *Non omnis moriar;* que je laisse après moi la meilleure partie de moi; que les seuls instants de ma vie dont je fasse quelque cas, sont éternisés, il me semble que la mort a moins d'amertume. »

L'homme qui travaille doit supposer le monde et son ouvrage éternels. La postérité pour l'artiste comme pour le philosophe, c'est l'autre monde de l'homme religieux.

Ces sentiments n'appartiennent pas à une âme faible, mais à une grande âme : « Si j'avais dit au Guide : « Tu as beau cabaler, tu n'empê- « cheras pas que le Dominiquin ne soit connu « pour ce qu'il est, » pourquoi n'aurait-il pas répondu : « Mais alors je n'y serai plus et je « m'en f...! » Pas un méchant qui ne doive parler ainsi; pas un homme de bien qui puisse l'écouter sans horreur. C'est toujours le proverbe : *Après moi le déluge,* qui n'a été fait que pour les âmes petites, mesquines et personnelles. »

Il faut que l'artiste soit désintéressé. Au moment où il pense à l'argent, il perd le sentiment du beau. « Il faut à l'artiste la verve, le feu sacré, le tison de Prométhée, le démon de l'inspiration; alors on verserait des sacs d'or à ses pieds qu'on ne le toucherait pas, parce que l'or n'est pas sa véritable récompense. » Il faut travailler pour soi, pour se satisfaire soi-même; et tout homme qui ne se paye pas par ses mains, en recueillant par l'ivresse et l'enthousiasme la meilleure partie de sa récompense, fera fort bien de demeurer en repos.

Diderot, comme critique d'art, se rendait justice : « Pour moi, disait-il, j'ai l'âme haute, il me vient de temps en temps une idée grande et forte et je sais quelquefois la présenter de la manière la plus frappante; je sais entrer dans les âmes, les captiver, les émouvoir, les entraîner. Si d'Alembert s'entend infiniment mieux que moi à résoudre une équation différentielle, je m'entends peut-être mieux que lui à faire battre un cœur, à l'agrandir, à l'élever, à lui inspirer un goût solide de la vertu et de la vérité.

« Je suis plus affecté des charmes de la vertu que de la difformité du vice : je me détourne doucement des méchants et je vole au-devant des bons. S'il y a dans un ouvrage, dans un caractère, dans un tableau, dans une statue un bel endroit, c'est là que mes yeux s'arrêtent; je ne vois que cela, je ne me souviens que de cela, le reste est oublié. »

En 1764, Grimm offrit à Diderot de se charger, dans la *Correspondance littéraire*, du compte rendu des *Salons*.

Diderot avait déjà voyagé souvent au pays des peintres; il en connaissait beaucoup, les ayant fréquentés durant les belles années de sa vie de bohème. Il saisit avec joie l'occasion de les revoir, de parler d'eux et d'écrire les idées ingénieuses et neuves qu'il avait tant de fois exprimées en causant.

Au lieu d'une lettre qu'avait demandée Grimm, Diderot lui envoie un volume; et tout d'abord, Grimm, sans le lire, en parut peu satisfait. Diderot s'en plaint, il écrit : « Monsieur l'ambassadeur vient d'en user un peu durement avec moi. Il me demande un mot sur les tableaux; je les vais voir et j'écris un volume; je passe les jours et les nuits pour le contenter. Vous verrez par sa lettre comment j'ai réussi. » — Sans se décourager de ce mauvais accueil, Diderot ajoute : « Pendant qu'il lisait mon volume, je lui ai fait deux autres morceaux que je viens de lui envoyer. » Mais Grimm, après avoir lu ces pages étincelantes fut émerveillé. « J'en jure sur mon âme, s'écrie-t-il, aucun homme n'a fait et ne fera pareille chose. C'est un tour de force qu'on ne fait pas impunément à son âge. Il a pris la plume et a écrit dix-sept jours de suite, du soir au matin, remplissant de style et d'idées plus de deux cents pages. »

Diderot qui avait alors plus de cinquante ans, continua, pour obliger son ami, à faire le même travail pendant les trois années suivantes. C'est ainsi qu'il institua en France l'usage des *Salons* et la critique intelligente et émue des beaux-arts.

Sa facilité d'improvisation était surprenante. Comme exemple de cette puissante facilité de travail, qu'il a conservée toute sa vie, Naigeon cite l'*Éloge de Richardson* qu'on peut regarder comme un chef-d'œuvre et que Diderot écrivit en quinze heures, tel qu'il fut imprimé dans le *Journal étranger*. « Et n'allez pas croire, dit Sainte-Beuve, que pour écrire vite, il écrive au hasard. Son style en ses passages les plus rapides est savant, nombreux, plein de ces effets d'harmonie qui correspondent aux nuances les plus secrètes du sentiment et de la pensée. Il est plein de reflets, de nature et de verdure; il en offre même infiniment plus que le style de Buffon et celui de Jean-Jacques. » — Diderot a innové dans la langue, il y a fait entrer des couleurs de la palette et de l'arc-en-ciel : il sait voir la nature à travers l'atelier et le sentiment du peintre. C'est lui qui a initié les Français aux beaux-arts et trouvé la manière de leur faire aimer la peinture par les idées. « Je n'avais jamais vu, dit Mme Necker, dans les tableaux que des couleurs plates et inanimées. L'imagination de Diderot leur a donné pour moi du relief et de la vie; c'est presque un nouveau sens que je dois à son génie. »

En effet, sa critique était tout un poème, toute une création. Le peintre Vernet, ayant exposé sept tableaux au salon de 1767, Diderot suppose qu'au moment de commencer l'analyse de ces Vues et Marines, il est obligé de partir pour une campagne voisine de la mer, et que de là il se dédommage de ce qu'il n'a pu voir au Salon, en contemplant plusieurs scènes de la réalité. « Et ces scènes, il nous les raconte, il nous les décrit avec le détail des conversations, des promenades, des discussions de tout genre qui s'y agitent entre divers interlocuteurs. On y parle de la nature, de l'art et de leurs rapports délicats; on y parle du monde, de l'ordre universel et du point de vue relatif à l'optique humaine. Diderot sème à profusion les mille germes d'idées dont il est plein. Puis, tout à coup, à la fin, son secret lui échappe, et les paysages naturels auxquels il nous a fait assister se trouvent être tout simplement les toiles de Vernet qu'il s'est plu à imaginer ainsi et à réaliser sur place, se remettant dans la situation et dans l'inspiration même de l'artiste qui les composait. »

Il veut de la peinture qui raconte et de la statuaire qui peigne. Il refait tous les tableaux du *Père de famille*. L'idéal qu'il poursuit dans ses spéculations sur les arts, c'est une scène et des acteurs.

Exemple : Sa passion pour Greuze.

« C'est le dessin qui donne la forme aux êtres ; c'est la couleur qui leur donne la vie. On ne manque pas d'excellents dessinateurs; il y a peu de grands coloristes. Il en est de même en littérature. Cent froids logiciens pour un grand orateur; dix grands orateurs pour un poëte sublime. Un grand intérêt fait éclore subitement un homme éloquent; mais, quoi qu'en dise Helvétius, on ne ferait pas dix bons vers, sous peine de mort. »

M. Ferdinand Brunetière reproche à Diderot d'avoir parlé des arts en littérateur [1].

Mais comment parler des arts autrement? N'était-il pas naturel à Diderot de parler peinture et sculpture en littérateur, puisque c'est de la littérature qu'il faisait. Diderot a fait pour les beaux-arts ce qu'ont fait, à la même époque, Montesquieu pour la législation et Buffon pour l'histoire naturelle; il a servi d'intermédiaire entre les artistes et le public. Il a été utile aux artistes de son temps en expliquant « littérairement, c'est-à-dire clairement [2] » les mérites de leurs tableaux.

Critique d'art, il a, sur la peinture, des idées d'écrivain et de philosophe, mais qui sont aussi des idées d'artistes, ces idées générales qui manquent trop souvent aux peintres et aux sculpteurs, par exemple l'heureuse et nécessaire conspiration de tous les détails, en vue d'un effet d'ensemble.

Si la critique d'art était un genre littéraire, n'exigeant que des qualités littéraires et qu'on puisse traiter convenablement sans connaître autre chose de la peinture ou de la sculpture

---

[1] V. *Nouvelles études critiques sur l'histoire de la littérature française*. Les *Salons* de Diderot par F. Brunetière.

[2] Louis Ducros.

que les impressions qu'elles donnent, Diderot — qui en a été le créateur — serait l'un des maîtres de ce genre. Il a parlé de l'art de peindre absolument comme si l'art de peindre visait à provoquer l'émotion littéraire. Cependant, Diderot — parce qu'il est, par instants, l'un de nos grands écrivains — a laissé, dans ses *Salons*, des pages immortelles.

Diderot n'était pas un peintre, mais un homme de lettres. Il parle donc de peinture en littérateur. « Rendre la vertu aimable, le vice odieux, le ridicule saillant, » lui paraît être le but de tout honnête homme « qui prend la plume ou le pinceau ». Ordonner une composition, une scène de mœurs, une scène pathétique, une scène de famille, voilà pour lui, le but de l'art.

Le peintre s'occupe moins des pensées et des sentiments que des lignes, des idées plastiques, de l'harmonie et du contraste des couleurs. Diderot, qui aimait, malgré son emphase, le naturel et la simplicité, savait bien que le réalisme ou l'imitation servile de la nature sont insuffisants. « Il faut, disait-il, que l'artiste ait dans l'imagination quelque chose d'ultérieur à la nature. »

M. Brunetière insiste, il reproche à Diderot de ne regarder qu'à l'intention morale et aux sujets.

« Il n'a pas, dit-il, seulement juxtaposé les domaines des deux arts, il les a superposés et il a trouvé que la coïncidence était parfaite. Non seulement il n'y a rien, selon lui, dans le champ de la peinture, qui ne puisse être transposé dans le champ de la littérature, et réciproquement, mais de la valeur littéraire d'une toile, il fait l'infaillible mesure de sa valeur pittoresque. »

Mais Diderot regarde de très près à l'exécution, et sans employer les mots techniques que, plus tard, trouvera Gautier, il n'est pas exact de dire qu'il n'a regardé qu'au sujet.

Voici ma règle, dit-il : je m'arrête devant un morceau de peinture ; si la première sensation que j'en reçois va toujours en s'affaiblissant, je le laisse ; si, au contraire, plus je le regarde, plus il me captive, si je ne le quitte qu'à regret, s'il me rappelle quand je l'ai quitté, je le prends.

« Lui, le curieux et le questionneur par excellence, dit M. Ducros, il visitait, dans leurs ateliers, Chardin, la Tour, Van Loo, Greuze, etc. ; il les regardait peindre, les interrogeait et interrogeait leur esquisse qu'il aimait à comparer avec leurs peintures achevées ; il voyait, dit M. Ducros, se former sous ses yeux, au milieu des libres discussions de l'atelier, maint tableau sur lequel il pouvait parler en *connaisseur*. »

Ses jugements étaient éclairés, raisonnés, et, quant à la partie technique, il était renseigné par les peintres eux-mêmes qu'il cite et discute en maint endroit. De plus, il connaissait l'antiquité mieux qu'aucun peintre et aucun sculpteur de son temps: et, quant à la nature, il est un des rares écrivains du xviii° siècle qui l'aient regardée et étudiée de près.

Et que de verve, que de raison dans les détails!

Quelle chaude poursuite du vrai, du bon, de ce qui sort du cœur. Quelle critique pénétrante, dit Sainte-Beuve, quelle critique honnête, amoureuse, jusqu'alors inconnue.

Diderot a initié le public de son temps au sentiment de la forme et de la couleur. Il est vrai qu'il parle des œuvres d'art en littérateur et en moraliste, mais il fait regarder avec plus d'attention les tableaux et les statues. Grâce à l'art avec lequel il sait nous faire voir un tableau[1] et saisir d'un coup d'œil l'ensemble d'une toile, il a contribué à rendre général, à Paris, le sentiment et le goût des beaux-arts.

Diderot aimait les esquisses, obéissant ainsi à

---

[1] Se rappeler ce qu'il dit devant *la jeune fille qui pleure un oiseau mort* : « La pauvre petite est de face ; sa tête est appuyée sur sa main gauche, l'oiseau mort est posé sur le bord supérieur de la cage, la tête pendante, etc. »

une secrète inspiration de sa nature primesautière. « Il y a, dit-il, plus de vie, de chaleur, de génie dans une esquisse que dans un tableau. Celui-ci est l'ouvrage du travail, de la patience, des longues études et d'une expérience consommée de l'art. L'esquisse a plus de feu. C'est le moment de chaleur de l'artiste, la verve pure, sans aucun mélange de l'apprêt que la réflexion met à tout. C'est l'âme du peintre qui se répand librement sur la toile. La pensée rapide caractérise d'un trait. Or, plus l'expression des arts est vague, plus l'imagination est à l'aise. »

Diderot est lui-même l'homme de l'esquisse, de l'ébauche enflammée, de l'improvisation ardente, du premier mouvement et du premier jet. Il ne réussit jamais mieux que quand il ne se prépare point et que sa pensée lui échappe; quand le facteur va venir, ou que l'imprimeur est là qui le presse et qui l'attend.

Que de pages charmantes on aimerait à citer de ces *Salons* écrits à la hâte! Il esquisse lui-même la scène dans le paysage. Dans le jugement de Paris : « que l'horizon, dit-il, soit caché par de hautes montagnes; que tout annonce l'éloignement de regards indiscrets; que de nombreux troupeaux paissent dans la prairie et sur les coteaux; que le taureau poursuive, en mugissant, la génisse; que deux béliers se menacent de la corne pour une brebis qui paît tranquillement auprès ; que tout ressente la présence de Vénus ; tout, excepté le chien de Paris que je ferai dormir à ses pieds. »

Les deux sources de l'art étant la nature et la vie, l'art imite la nature et tend à reproduire la vie. Le véritable artiste méprise le modèle; il regarde les hommes en action, il observe la campagne et la rue. « Il méprise le modèle d'atelier dont les positions académiques sont artificielles et contraintes, apprêtées, arrangées, toutes ces actions froidement et gauchement exprimées par un pauvre diable, et toujours par le même pauvre diable, payé pour venir trois fois la semaine se déshabiller et se faire mannequiner par un professeur. Qu'ont de commun ces actions, ces positions avec les positions et les actions de la nature? Qu'ont de commun l'homme qui tire de l'eau dans le puits de votre cour et celui qui, n'ayant pas le même fardeau à tirer, simule gauchement cette action, avec les deux bras en haut, sur l'estrade de l'école? Qu'a de commun celui qui fait semblant de se mourir là avec celui qui expire dans son lit ou qu'on assomme dans la rue? Qu'a de commun ce lutteur d'école avec celui de mon carrefour?

Cependant, la vérité de la nature s'oublie; l'imagination se remplit d'actions, de positions et de figures fausses, apprêtées, ridicules et froides. Elles y sont emmagasinées; et elles en sortiront pour s'attacher à la toile. Toutes les fois que l'artiste prendra ses crayons ou son pinceau, ces maussades fantômes se réveilleront, se présenteront à lui; et ce sera un prodige s'il réussit à les exorciser pour les chasser de sa tête.

« Mes amis, conclut Diderot, laissez-moi cette boutique de manières! Allez-vous-en aux chartreux et vous y verrez la véritable attitude de la piété et de la composition! Allez-vous-en à la guinguette et vous y verrez l'action vraie de l'homme en colère! Cherchez des scènes publiques; soyez observateur dans les rues, dans les jardins, dans les marchés, dans les maisons, et vous y prendrez des idées justes du vrai mouvement dans les actions de la vie. Autre chose est une attitude, autre chose une action. Toute attitude est fausse et petite; toute action est belle et vraie. »

Diderot distingue le déshabillé du nu.

« Une femme nue n'est point indécente, c'est une femme troussée qui l'est. Supposez-vous devant la *Vénus de Médicis* et demandez-vous si sa nudité vous offensera. Mais chaussez les pieds de cette Vénus de deux petites mules brodées; attachez sur son genou, avec des jarretières couleur de rose, un bas blanc bien tiré; ajustez sur sa tête un bout de cornette; et vous sentirez la différence du décent et de l'indécent. C'est la différence d'une femme qu'on voit et d'une femme qui se montre.

La sculpture ne souffre ni le bouffon, ni le burlesque, ni le plaisant, rarement même le comique. Le marbre ne rit pas. Elle s'enivre pourtant avec les faunes et les sylvains; elle a très bonne grâce à aider les satyres à remettre le vieux Silène sur sa monture ou à soutenir les pas chancelants de son disciple. Elle est voluptueuse, mais jamais ordurière. Elle garde encore dans la volupté je ne sais quoi de recherché, de rare, d'exquis, qui m'annonce que son travail est long, pénible, difficile, et que, s'il est permis de prendre le pinceau pour attacher à la toile une idée frivole, qu'on peut créer en un instant et effacer d'un souffle, il n'en est pas ainsi du ciseau, qui, déposant la pensée de l'artiste sur une matière dure, rebelle et d'une éternelle durée, doit avoir fait un choix original et peu commun. Le crayon est plus libertin que le pinceau et le pinceau est plus libertin que le ciseau.

La sculpture suppose un enthousiasme plus opiniâtre et plus profond, plus de cette verve forte et tranquille en apparence, plus de ce feu couvert et caché qui bout en dedans. C'est une muse violente, mais silencieuse et discrète.

Si la sculpture ne souffre point une idée commune, elle ne souffre pas davantage une exécution médiocre. Une légère incorrection de dessin, qu'on daignerait à peine apercevoir dans un tableau, est impardonnable dans une statue. Le maniéré, toujours insipide, l'est beaucoup plus en marbre ou en bronze qu'en couleur. Oh! la chose ridicule qu'une statue maniérée!

C'est le dessin qui donne la forme aux êtres; c'est la couleur qui leur donne la vie. — On ne manque pas d'excellents dessinateurs; il y a peu de grands coloristes. Il en est de même en littérature : cent froids logiciens pour un grand orateur; dix grands orateurs pour un poète sublime. Un grand intérêt fait éclore subitement un homme éloquent; quoi qu'en dise Helvétius, on ne ferait pas dix bons vers, même sous peine de mort.

La plus belle couleur qu'il y ait au monde est cette rougeur aimable dont l'innocence, la jeunesse, la santé, la modestie et la pudeur colorent les joues d'une jeune fille.

La peinture ne s'adresse qu'aux yeux. En revanche, la sculpture a certainement moins d'objets et moins de sujets que la peinture. On peint tout ce qu'on veut. La sévère, grave et chaste sculpture choisit. C'est encore avec une sorte de dignité que la sculpture joue. Elle est sérieuse, même quand elle badine.

Diderot donne aux artistes de bonnes leçons de composition. Il leur conseille de subordonner le détail à l'ensemble. La variété heureuse naît de l'harmonie; l'harmonie résulte de l'unité du tableau et l'on obtient cette unité nécessaire par la « subordination des parties ». Avant tout, il faut être clair et bien dégager cette unité ; les accessoires trop soignés rompent l'équilibre.

Diderot n'a pas été peintre, mais il savait voir; s'il n'a pas fait l'éducation de sa main, il a fait l'éducation de son œil. Les critiques d'art contemporains sont d'accord avec les peintres qui l'ont lu, pour le reconnaître. « Diderot, dit Paul Mantz, adorait les *Desserts* de Chardin, et *il en a si bien parlé qu'on ne pourrait rien dire après lui.* »

Diderot reprochait à Boucher de n'avoir pas suffisamment étudié la nature. « Je vous défie, dit-il, de trouver, dans toute une campagne, un seul brin d'herbe de ses paysages. Et puis il est d'un gris de couleur et d'une uniformité de ton qui vous ferait prendre sa toile, à deux pieds de distance, pour une couche de persil occupée en carré. C'est un faux bon peintre. Il n'a pas la pensée de l'art, il n'en a que les *concetti*. »

Diderot critique d'art est un juge moral.

« Artistes, écrit-il, si vous êtes jaloux de la durée de vos ouvrages, je vous conseille de vous en tenir aux sujets honnêtes. »

Historiquement, il est notre premier grand critique d'art.

Diderot a porté dans la critique littéraire, comme dans la critique d'art, une sorte d'invention aussi rare que piquante. Ce qu'il veut, ce qu'il admire, c'est le naturel, le spontané, le simple, un homme enfin et non pas un auteur. Dans ses jugements, il se montre original et neuf. Sa raison a de la verve. Il aime avec passion le vrai, et son goût pour le naturel lui fait sentir la beauté antique dans un siècle qui la négligeait. Sa critique est pénétrante, créatrice, amoureuse des qualités de l'auteur qu'elle développe : jamais dénigrante, ni froide, ni minutieuse comme celle de La Harpe.

Diderot est un critique supérieur, bien qu'il manque parfois d'une exacte justesse. Mais il sent ce qu'il juge, il analyse avec feu. « Son imagination se colore de celle d'autrui; il prend le langage et l'accent des choses qu'il veut louer. Vous le croyez emphatique et déclamateur; c'est qu'il dissertait sur Sénèque. Mais lisez quelques pages qu'il a écrites sur Térence [1], on n'est pas plus simple, plus élégant, plus net, on n'a pas plus de goût. »

III

Diderot a essayé de ramener le théâtre, comme la peinture, à la nature et à la vie. Il a dit, le premier, que la scène pourrait s'ouvrir à d'autres amours que celles des rois et des reines, que les

---

[1] Diderot, dans ses causeries de salon, avait un jour parlé de Térence, comme il parlait de tout, avec feu, avec ravissement. Puis, il s'était enthousiasmé pour autre chose. M. Suard, homme d'esprit et qui faisait un journal, aurait bien voulu saisir au passage la première partie de l'entretien; et il pria Diderot de la mettre par écrit. Diderot promit pour le lendemain, et les mois s'écoulèrent sans qu'il remplît cet engagement sans cesse rappelé. Enfin, un jour, de grand matin, arrive chez Diderot le domestique de M. Suard, qui vient chercher l'article sur Térence, attendu, dit-il, pour finir le journal sous presse. Diderot, pour la vingtième fois, renvoyait au lendemain. Mais le messager déclare qu'il a l'ordre de rester, et ne peut revenir sans *copie*, sous peine d'être chassé par son maître. Diderot pressé s'illumine de Térence; et, en quelques heures, il le réfléchit dans le délicieux fragment : « *Térence était esclave.* » Villemain, *Tableau de la littérature du dix-huitième siècle.*

bourgeois ont, eux aussi, leurs passions et leurs larmes. Avant Antoine, il a voulu ramener le théâtre à la vérité :

« Quoi ? vous ne concevez pas l'effet que produiraient sur vous une scène réelle, des habits vrais, des discours proportionnés aux actions, des actions simples, des dangers dont il est impossible que vous n'ayez tremblé pour vos parents, vos amis, pour vous-même ?

« Un renversement de fortune, la crainte de l'ignominie, les suites de la misère, une passion qui conduit l'homme à la ruine, de la ruine au désespoir, du désespoir à une mort violente, ne sont pas des événements rares ; et vous croyez qu'ils ne vous affecteraient pas autant que la mort fabuleuse du tyran ou le sacrifice d'un enfant aux autels des dieux d'Athènes et de Rome ? »

Après Corneille, Racine et Voltaire, Diderot, nourri dans l'admiration et dans l'amour de tous les trois, Diderot, qui n'avait pas leur génie mais qui en avait un autre, proposait de faire descendre la tragédie de ces hauteurs des trônes, de la rapprocher davantage de toutes les âmes et de tous les intérêts de l'humanité, en la rapprochant de toutes les conditions, en donnant aux peintures et à l'éloquence plus de naïveté et de vérité.

Diderot voulait substituer le drame à la tragédie. « Que nous importent, disait-il, à nous Français du xviii° siècle, les aventures d'Agamemnon ou celles d'Oreste ? Qu'y a-t-il de commun entre eux et nous ? Ce sont mes semblables, mes contemporains, que je cherche au théâtre, et non les êtres d'exception en proie à des passions que je ne puis comprendre ni partager. »

Il voulait que le théâtre fût moralisateur. Il est, en cela, d'accord avec ses contemporains. L'idée de remplacer les prédicateurs chatouillait l'amour-propre des philosophes ; ils sentaient que la direction morale qui autrefois venait de la religion commençait à languir, il en fallait une autre et qu'il n'y avait que la littérature qui pût recueillir cette succession.

« J'ai toujours pensé, écrit-il, qu'un jour on discuterait à la scène les points de morale les plus importants et cela sans nuire à la marche violente et rapide de l'action dramatique. »

On dirait que Diderot avait prévu le théâtre de Dumas fils.

« Quel moyen, s'écrie-t-il, que le théâtre, si le gouvernement en savait user et qu'il fût question de préparer le changement d'une loi ou l'abrogation d'un usage ! »

Cette préoccupation de rendre le théâtre moral et moralisateur l'a conduit à faire du drame un prétexte à sermons. Sa théorie du drame n'a de valeur que comme démenti au convenu, au faux goût de l'époque ; comme rappel à la vérité des mœurs, à la réalité des sentiments, à l'observation directe de la nature.

Diderot, persuadé que l'art dramatique se pétrifie quand il reste stationnaire, croyait le renouveler en substituant la peinture des *conditions* à la peinture des *caractères* [1]. Il entend par « condition » l'état où est un homme dans la famille : on est un « père », un « fils » un « gendre » ; ou dans la société ; on est magistrat, on est soldat. Un homme est, en effet, ce que la pression longue et continue de l'habitude, des fonctions exercées, des préjugés de classe reçus et conservés, a fait de lui. Père depuis trente ans, un homme n'est plus qu'un père ; magistrat depuis dix ans, un homme n'est plus que magistrat. Le caractère acquis remplace le caractère inné.

Diderot désire voir mettre à la scène toutes les relations de famille : le père, l'époux, le

---

(1) V. *Discours sur la poésie dramatique* (1758). V. *Entretiens sur le Fils naturel.*

frère, la sœur. « Le père de famille ! s'écrie-t-il, quel sujet dans un siècle tel que le nôtre où il ne paraît pas qu'on ait la moindre idée de ce que c'est qu'un père de famille. »

Sur quoi Palissot lui répondait avec justesse : « Si je choisis une profession, le magistrat, par exemple, il faudra bien que je lui donne un caractère ; il sera triste ou gai, grave ou frivole, affable ou brusque ; et ce sera ce caractère qui en fera un personnage réel, qui le tirera des abstractions métaphysiques ; voilà donc le caractère qui redevient la base de l'intrigue et la condition ou profession qui n'en est que l'accessoire. »

Palissot a raison ; Diderot lui-même d'ailleurs ne prononce-t-il pas la condamnation de ses propres théories, lorsqu'il s'écrie : « O faiseurs de règles générales, que vous ne connaissez guère l'art et que vous avez peu de ce génie qui a produit les modèles sur lesquels vous avez établi ces règles qu'il est le maître d'enfreindre quand il lui plaît !

Au fond, il n'y a au théâtre qu'une règle, qui est de plaire, et, pour plaire, il n'y a qu'un moyen, c'est d'être naturel et vrai : « La vérité ! la nature ! voilà ce que je ne me lasserai point de crier aux Français. »

C'est pour avoir été infidèle à cette règle que

Diderot a si peu réussi au théâtre. Les deux pièces que nous avons de lui, il les a écrites surtout pour mettre en action ses théories et en montrer l'excellence ; il devait donc échouer. Il semble croire pourtant que sa vocation eût été d'être auteur dramatique. « Le hasard, dit-il, et plus encore, les besoins de la vie disposent de nous à leur gré. Qui le sait mieux que moi ? C'est la raison pour laquelle pendant trente ans de suite j'ai fait l'*Encyclopédie* et n'ai fait que deux pièces de théâtre. »

De l'auteur dramatique, il avait incontestablement le don du dialogue ; et s'il eût possédé au même degré l'art de combiner une action, d'en ordonner les péripéties, peut-être ses tentatives en ce genre eussent-elles été moins imparfaites. Mais il eût toujours été gêné, lui, ce génie si primesautier, par ses théories. Il avait plus de génie que de talent.

« Vers cette époque (1767), dit Chamfort, Diderot qui veut influer sur son siècle, s'adonne au théâtre. Il prêche aux hommes l'amour de la vertu et l'horreur du vice. Il veut au théâtre discuter les points de morale les plus importants : le suicide, le duel et cent autres. »

Le *Fils naturel*, en effet, n'est guère qu'un sermon dialogué en cinq actes. Aussi réussit-il peu. Écrit en 1757, le *Fils naturel* fut joué le 26 septembre 1771 et n'eut qu'une représentation.

Dans le *Père de Famille*, Diderot voulait mettre au théâtre le genre sérieux et honnête, la comédie naturelle et vraie. On prétend qu'il avait voulu se peindre lui-même dans le personnage de Saint-Albin, et retracer l'histoire de sa passion pour sa femme lorsqu'elle était Mlle Champion. D'autres circonstances prises dans la vie réelle lui paraissent devoir faire un grand effet. Son attente fut trompée.

« Malgré les talents réunis de Préville et de Mlle Gaussin, le *Père de Famille* ne peut dépasser sept ou huit représentations [1]. » (Janvier 1761.)

Reprise en 1764, elle eut, d'après les *Mémoires secrets*, un grand succès de larmes. « On comptait autant de mouchoirs que de spectateurs. Des femmes se sont trouvées mal, et jamais orateur chrétien n'a produit en chaire d'effet aussi théâtral. »

L'influence de Diderot fut grande en Allemagne; on en voit la marque sur le théâtre, dans leurs romans, dans leur philosophie. « Qui sait, disait M. Suard, qui n'aimait pas beaucoup la

---

[1] F. Génin.

personne de Diderot, qui sait à quel rang aurait pu se placer Diderot, s'il eût concentré toutes les forces de son esprit original et fécond et celles de sa brillante imagination sur les seuls objets propres à en exercer toute l'énergie? »

La réforme qu'il tenta fut utile. Il a eu raison d'invoquer la nature et la liberté dans un temps où le sentiment du naturel se perdait tout à fait, et où le génie se trouvait à l'étroit dans les règles d'Aristote.

Diderot comprit que l'esprit littéraire périssait faute d'air et d'espace. Il voulut l'émanciper, comme il voulait *élargir* Dieu. Comme critique littéraire, sa théorie du drame eut de l'importance comme démenti donné au convenu, au faux goût, à l'éternelle mythologie de l'époque, comme rappel à la vérité des mœurs, à la réalité des sentiments, à l'observation de la nature.

Dans la consciencieuse étude où M. Louis Ducros étudie en Diderot le romancier, le dramaturge, le critique d'art, le philosophe, la meilleure partie est consacrée au critique et à l'écrivain dramatique. M. Ducros montre que Diderot, né réaliste, curieux de détails matériels, a fait œuvre de réaliste. L'art réaliste, dit-il, est égalitaire et démocratique. Jusqu'à Diderot, la tragédie était restée aristocratique. Il en ouvrit l'accès aux bourgeois; il voulut que le théâtre prît au sérieux leurs aventures et malheurs domestiques. Il avait compris ce que les habitudes professionnelles pouvaient ajouter de relief, de physionomie, de réalité aux personnages trop abstraits de nos tragédies classiques. Ce qu'il y avait de juste dans cette idée, Balzac nous l'a démontré dans la *Comédie humaine*, où se trouvent toutes les professions, et où Balzac a su faire voir « l'attitude que le métier impose à l'âme[1] ».

C'est surtout, remarque M. Ducros, dans le roman et le conte que se révèle le réalisme de Diderot. Là, il est plus libre et plus à son aise qu'au théâtre. Il décrit par l'accumulation de petits faits privés; il peint par le choix des détails caractéristiques. Il a pour but de vous faire illusion par la vérité rigoureuse. L'éloquence, dit-il, est une sorte de mensonge. Lui, veut être cru, et pour l'être, pour faire illusion, il parsème son récit de petites circonstances si liées à la chose, de traits si simples et si naturels, si difficiles toutefois à imaginer, que vous êtes forcé de vous dire à vous-même : « Cela est vrai, on n'invente pas ces choses-là. »

[1] H. Taine.

Philosophe naturaliste, Diderot a été le prédécesseur de Darwin; naturaliste littéraire, il a été le précurseur des réalistes modernes, de Stendhal, de Sainte-Beuve et de Mérimée.

CHAPITRE IV

LA PHILOSOPHIE DE DIDEROT. — SES IDÉES MORALES,
POLITIQUES ET SOCIALES

I

« J'attends avec impatience, écrivait Voltaire à Thieriot, les réflexions de Pantophile Diderot sur *Tancrède*. Tout est dans la sphère d'activité de son génie; il passe des hauteurs de la métaphysique au métier d'un tisserand et de là il va au théâtre... *C'est le seul homme capable de faire l'histoire de la philosophie.* »

En effet, Diderot seul connaissait assez l'antiquité, dont il avait particulièrement étudié les philosophes, pour entreprendre leur histoire. C'est lui, le premier en France, qui l'ait tenté, et, quoiqu'il ait travaillé d'après Brucker, il a sa part de vues originales. Sans doute, dit M. Villemain, on ne trouvera pas dans son analyse des écoles grecques, la précision savante, la méthode de restauration inventive qui caractérisent quelques fragments sur la philosophie ancienne publiés de nos jours. Mais il a parcouru dans ce genre une immense carrière, embrassant, pour l'*Encyclopédie*, tous les âges de la philosophie grecque, depuis les systèmes d'Héraclite et d'Anaxagore jusqu'au syncrétisme d'Alexandrie, et ensuite, reprenant le travail de l'esprit humain dans le moyen âge, depuis les premiers scolastiques jusqu'à Van Helmont. Comment, dit M. Villemain, n'être pas frappé de cet amas de connaissance et de cette active sagacité ?

Ainsi, comme historien de la philosophie, Diderot s'est aidé des travaux de Brucker. Il ne faut pas lui demander pour ces nombreux articles de l'*Encyclopédie* l'exacte érudition de Gassendi ou de Bayle. Obligé à trop de prudence et gêné par trop de considérations diverses, ce n'est point là qu'il faut chercher l'expression complète et sincère de sa pensée intime.

Mais la philosophie n'est pas toute dans l'exposition des idées anciennes. Elle est, avant tout, la science des rapports et des causes. Diderot l'entend bien ainsi, et il cherche la raison des choses dans l'unité de la nature humaine et de la substance universelle. Au lieu de s'asservir à l'un des nombreux systèmes qu'il connaît si bien et qu'il vient d'exposer, Diderot conserve son indépendance. Il ne pratique aucun éclectisme bâtard, comme Victor Cousin. Il ne croit point que tout soit fait, et qu'il n'y ait plus qu'à constater le retour périodique des *quatre mêmes systèmes*. Il conçoit, au contraire, une science sans limites et l'organise à mesure qu'il marche, et que grâce au progrès des sciences expérimentales, se découvre à sa vue un plus vaste horizon. Il se montre également capable de saisir les rapports délicats et les rapports immenses.

Diderot, c'est surtout le penseur moderne; non pas le penseur qui résume son temps; non, il le dépasse; il est encore en avant du nôtre. Ne lui demandez pas de système : sa pensée est trop large, elle les ferait craquer tous. Aucun de ses contemporains ne peut lui être comparé, tant il les précède tous !

La science est, à ses yeux, l'explication naturelle du monde. Elle n'est pas pour ou contre Dieu ; elle est la science ; elle remonte la chaîne des causes jusqu'à son premier anneau. Et comme l'être universel subsistant de toute nécessité par lui-même se manifeste à nous par l'étendue et par la pensée, la philosophie est à la fois la science de l'esprit humain et la science des corps.

Diderot fut d'abord théiste. Dans son premier

ouvrage, étant jeune et tout au commencement de sa carrière, il ne s'élève pas au-dessus de la théorie spiritualiste et des faibles arguments dont elle se contente. « Si nous arrivions, dit-il, dans ce monde, avec la raison que nous portions à l'Opéra la première fois que nous y entrâmes, et si la toile se levait brusquement, frappés de la grandeur, de la magnificence et du jeu des décorations, nous n'aurions pas la force de nous refuser à la connaissance de l'ouvrier éternel qui a préparé le spectacle? » Ainsi voilà Diderot qui commence par admettre que l'œuvre ingénieuse du monde suppose un ouvrier intelligent. C'est la meilleure des preuves de l'existence de Dieu qui soit invoquée par les Pères, par Bossuet, Fénelon, etc. Mais Diderot ne s'arrêta pas longtemps au seuil de la philosophie. Son ami, son disciple et son éditeur, Naigeon, qui le voyait presque tous les jours et qui passa avec lui, dans son intimité, les vingt-huit dernières années de sa vie, Naigeon nous en prévient : « Diderot a eu le courage et la sincérité également rares, de réfuter lui-même, très directement et avec force, la plupart des erreurs de ses premiers écrits [1]. »

---

[1] Diderot était athée, et même, remarque Naigeon, un athée très ferme et très réfléchi. Il était arrivé à ce résultat par une bonne méthode d'investigation, par toutes les voies

L'anecdote suivante est du temps où Diderot était encore théiste : « Un soir, nous attendions, chez Helvétius, l'heure du souper. Nous en revenions, comme toujours, à cette question : « Qu'est-ce que l'âme? » ce qui était dire : « Qu'est-ce que Dieu? » Quand chacun eut gaiement ou gravement dit son ignorance ou son orgueil, Helvétius frappa du pied pour obtenir un peu de silence; après quoi il alla fermer la fenêtre : « Voilà qu'il est nuit, dit-il; qu'on m'apporte du feu. » On lui apporta un charbon : une bougie s'alluma. « Remportez ce Dieu, dit-il en montrant le charbon, j'ai l'âme, j'ai la vie du premier homme. Or, le feu qui m'a servi est partout, dans la pierre, dans le bois, dans l'atmosphère. L'âme, c'est le feu, le feu, c'est la vie. La création du monde est une hypothèse beaucoup moins merveilleuse que celle que je cherche à vous expliquer. »

Disant ces mots, Helvétius alluma une seconde bougie : « Vous voyez que mon premier homme a transmis la vie sans l'existence d'un dieu. »
— « Vous ne vous apercevez pas, lui dis-je alors, que vous avez prouvé l'existence de Dieu

qui conduisent le plus sûrement et le plus directement à la vérité, c'est-à-dire par la méditation, l'expérience, l'observation et le calcul.

en voulant la nier ; car, je veux bien que la vie soit sur la terre, mais encore a-t-il fallu quelqu'un pour allumer le feu ; j'imagine que le charbon ne se serait pas allumé tout seul. »

Et pourquoi pas ? aurait dû répondre Helvétius, étant donnés le mouvement et la rencontre des atomes.

Dans sa *Lettre sur les Aveugles*, qui parut trois ans après les *Pensées* (1749), Diderot montre que Dieu n'est qu'un mot créé pour expliquer le monde. Il fait dire à l'aveugle Saunderson, discutant sur Dieu avec un ministre : « Un phénomène est-il, à notre avis, au-dessus de l'homme, nous disons aussitôt : c'est l'ouvrage de Dieu. Notre vanité ne se contente pas à moins. Ne pourrions-nous pas mettre dans nos discours un peu moins d'orgueil et un peu plus de philosophie ? Si la nature nous offre un nœud difficile à délier, laissons-le pour ce qu'il est, et n'employons pas à le couper la main d'un être qui devient ensuite un nouveau nœud plus indissoluble que le premier. Demandez à un Indien pourquoi le monde reste suspendu dans les airs, il vous répondra qu'il est porté sur le dos d'un éléphant. Et l'éléphant ? — Sur une tortue. — Et la tortue ?... Cet Indien vous fait pitié, et l'on pourrait vous dire comme à lui : « Mon ami, confessez d'abord votre ignorance et faites-moi grâce de l'éléphant et de la tortue. »

L'éternité du monde n'est pas plus incommode que l'éternité d'un esprit. Parce que je ne conçois pas comment le mouvement a pu engendrer cet univers qu'il a si bien la vertu de conserver, il est ridicule de lever cette difficulté par la supposition d'un être que je ne conçois pas davantage.

Dans une lettre à Voltaire, Diderot poursuit ce qu'il n'avait pu dire aussi nettement dans sa *Lettre sur les Aveugles*. Pour que quelque chose soit, il faut que quelque chose ait été éternellement ; pour que quelque chose de matériel soit, il faut que quelque chose de matériel ait été de toute éternité ; et de même pour ce qui est spirituel. D'où suit cette conclusion que les êtres spirituels et corporels composent seuls l'univers et qu'il n'y a point d'autre Dieu, conclusion, dit-il à Voltaire, qui simplifierait et confirmerait l'opinion qui vous est commune avec Locke, que la pensée pourrait bien être une modification de la matière. Voilà quelques raisonnements que j'aurais prêtés à Saunderson, sans la crainte de ceux que vous m'avez si bien peints. Il est très important de ne pas prendre la ciguë pour du persil, mais nullement de ne pas croire en

Dieu. Le monde, disait Montaigne, est un *esteuf* qu'il a abandonné à peloter aux philosophes ; j'en dis presque autant de Dieu.

Dans son *Entretien avec la maréchale de Broglie* (1777), entretien réel et qu'il a écrit en sortant de chez elle, à ces mots de la maréchale :

— C'est donc vous qui ne croyez à rien ?

Diderot répond :

— Moi-même.

La maréchale reprend :

— Si je n'avais rien à espérer ni à craindre, quand je ne serai plus de ce monde, il y a bien des douceurs dont je ne me priverais pas, à présent que j'y suis ; j'avoue que je prête à Dieu à la petite semaine.

— Pour moi, je mets à fonds perdu.

— Mais c'est la ressource des gueux.

— M'aimeriez-vous mieux usurier ?

— Mais oui ; on peut faire l'usure avec Dieu, tant qu'on veut, on ne le ruine pas ; et vous, n'attendez-vous rien ?

— Rien.

— C'est triste.

— On n'en vaut pas moins pour cela.

— Mais ce monde-ci, qu'est-ce qui l'a fait ?

— Je vous le demande.

— C'est Dieu.

— Et qu'est-ce que Dieu?

— Un esprit.

— Mais si un esprit fait la matière, pourquoi la matière ne ferait-elle pas un esprit?

— Pourquoi le ferait-elle?

— C'est que je lui en vois faire tous les jours, témoin l'âme des bêtes.

D'ailleurs, si Dieu existe, il est indulgent. Il ne demande à l'homme que d'être sincère avec soi-même.

Un jeune Mexicain, assis sur une planche au bord de l'Océan, s'affirmait à lui-même qu'il n'y avait pas de terre au delà des mers ni d'habitants. « Ne vois-je pas la mer confiner avec le ciel? Et puis-je croire, contre le témoignage de mes sens, une vieille fable dont on ignore la date, que chacun arrange à sa manière et qui n'est qu'un tissu de circonstances absurdes, sur lesquelles les hommes se mangent le cœur et s'arrachent le blanc des yeux. »

En raisonnant ainsi, le jeune Mexicain s'endort. Le flot soulève la planche et va le déposer sur une rive inconnue, aux pieds d'un vieillard vénérable qui lui dit: « Je suis le souverain de la contrée. Vous avez nié mon existence et celle de mon empire. Je vous le pardonne parce que je suis celui qui voit le fond des cœurs, et que j'ai lu au fond du vôtre que vous étiez de bonne foi ; mais le fond de vos pensées et de vos actions n'est pas également innocent. » Alors le vieillard, qui le tenait par l'oreille, lui rappelait toutes les erreurs de sa vie, et, à chaque article, le jeune Mexicain s'inclinait, se frappait la poitrine et demandait pardon.

— Là, madame la maréchale, mettez-vous un moment à la place du vieillard et dites-moi ce que vous auriez fait. Auriez-vous pris ce jeune insensé par les cheveux et vous seriez-vous complue à le traîner à toute éternité sur le rivage ?

Et la maréchale répondit :

— En vérité, non.

Diderot met à la place de Dieu une matière sensible, en puissance d'abord et puis en acte, et « vous avez tout ce qui est produit dans l'univers, depuis la pierre jusqu'à l'homme ».

L'éternité du monde une fois admise, tout s'en déduit. Et l'éternité du monde n'est pas plus difficile à admettre que l'éternité d'un esprit.

Le traité de l'*Interprétation de la Nature* (1754), se termine par cette prière qui en résume l'esprit : « J'ai commencé par la nature, qu'ils ont appelée ton ouvrage, et je finirai par toi, dont le nom sur la terre est Dieu.

« O Dieu, je ne sais si tu es, mais je penserai comme si tu voyais dans mon âme, j'agirai comme si j'étais devant toi. Je ne te demande rien en ce monde, car le cours des choses est nécessité par lui-même, si tu n'es pas, ou par ton décret, si tu es. J'espère en tes récompenses en l'autre monde, s'il y en a un, quoique tout ce que je fais dans celui-ci je le fasse pour moi. Si je suis le bien, c'est sans effort ; si je laisse le mal, c'est sans penser à toi. Me voilà tel que je suis, portion nécessairement organisée d'une matière éternelle et nécessaire ou peut-être ta créature. Mais si je suis bienfaisant et bon, qu'importe à mes semblables que ce soit par un bonheur d'organisation, par des actes libres de ma volonté ou par le secours de ta grâce ? »

Ainsi, suivant un mot très juste de M. Bersot, Diderot ne nie pas Dieu, il l'ignore. Et comme on n'est pas un philosophe uniquement parce qu'on croit à l'existence de Dieu, on ne cesse pas d'être un philosophe parce qu'on en doute. Athée ou théiste, peu importe, quand on poursuit sincèrement la vérité, quand on a le sentiment des problèmes, quand on se rend compte, quand on ne se paie pas d'apparences et qu'on remonte aux premiers principes.

Sceptique avec bonté, tendresse, dévouement ;

athée plein d'enthousiasme, Diderot, comme Gœthe, a le culte de la nature, de la raison et de la vérité.

« Les hommes ont banni la divinité d'entre eux ; ils l'ont reléguée dans un sanctuaire ; les murs d'un temple bornent sa vue ; elle n'existe point au delà. Insensés que vous êtes, détruisez les enceintes qui rétrécissent vos idées ; élargissez Dieu, voyez-le partout où il est, ou dites qu'il n'est point. »

Pour lui, dit le pasteur Vinet, la nature était une divinité ; il croyait à l'éternité de la matière, et cette matière impérissable et toujours agissante lui inspirait une sorte d'adoration.

En présence du système du monde, pour lui comme pour Laplace, le grand architecte de l'univers est une hypothèse enfantine dont il n'a pas besoin. Il laisse de côté cette imagination « qui rend les problèmes, quels qu'ils soient, non pas plus clairs mais plus confus, et ne fait, en tous cas, que reculer les difficultés sans les résoudre ».

Diderot voit dans l'univers la circulation de la vie. « J'arrête mes yeux sur l'amas général des corps, je vois tout en action et en réaction ; tout se détruisant sous une forme, tout se recomposant sous une autre : d'où je conclus que la matière est hétérogène, qu'il existe une infinité d'éléments divers dans la nature, que chacun de ces éléments, par sa diversité, a sa force particulière, innée, immuable, éternelle, indestructible, et que ces forces ont leurs attractions, d'où naît le mouvement ou plutôt la fermentation générale de l'univers.

Diderot a marché du théisme au panthéisme, il a d'abord voulu sortir la Divinité du sanctuaire pour la mettre et la voir partout ; il a fini par ne plus voir que la nature éternelle, et sans autre cause que le hasard. Son panthéisme, pourtant, diffère de celui de Spinoza, il en diffère comme la philosophie du xviii° siècle diffère de celle du xvii° siècle. Sous l'influence de Descartes, la philosophie du xvii° siècle est essentiellement métaphysique et idéaliste. Sous l'influence de Voltaire et du progrès des sciences physiques et naturelles, la philosophie du xviii° siècle est essentiellement naturaliste. « L'originalité de Diderot, dit M. P. Janet, parmi les athées de son temps, a été de prêter, comme Leibniz, et plus tard Schelling, de la vie à la nature et une force active à la matière ; par là encore, il se distingue de Spinoza. »

Sa méthode consiste dans l'observation de la nature, la réflexion et l'expérience. L'observation recueille les faits, la réflexion les combine; l'expérience vivifie le résultat de la combinaison.

Les *Lettres* sur les aveugles et sur les muets sont déjà un programme de philosophie matérialiste. Diderot y reprend l'hypothèse des anciens philosophes grecs, que la matière douée d'une force éternelle, a pu se débrouiller d'elle-même en une série de tentatives et d'essais successifs, les êtres mal conformés périssant, les autres subsistant; quelques-uns, parce qu'ils se trouvaient mieux organisés devenant plus féconds, les espèces s'établissant, devenant durables, et le monde, tel qu'il est, se faisant ainsi peu à peu à travers les âges.

La chaîne des causes n'a pas eu de commencement, celle des effets n'aura point de fin.

La supposition d'un être quelconque placé hors de l'univers matériel est impossible.

Ainsi Diderot établit la succession indéfinie des causes, l'identité de la substance avec le faisceau de ses qualités, le mouvement universel et infini d'atomes innombrables, l'unité ou équivalence des forces, et il montre la raison d'être des choses dans les qualités primitives de leur matière constituante.

La nature est une et la science doit lier les faits recueillis par elle, de façon à en faire voir l'unité.

L'expérience observe les faits : elle les rassemble, elle les compare. La raison philosophique embrasse l'univers d'une seule vue et relie la grande chaîne qui lie toutes choses.

L'objet de la philosophie, ce sont les faits constatés par l'observation et vus dans leur ensemble, d'une seule vue. « Que m'importent vos préjugés, écrit Diderot, que m'importe que vous cherchiez une cause qui meuve la matière? Vous ferez de la métaphysique tant qu'il vous plaira ; moi, je suis physicien et chimiste. »

Comme tel, Diderot ne croit pas que l'homme soit un être à part, comme un empire dans un empire. Il voit en lui un instrument doué de sensibilité et de mémoire comme beaucoup d'autres animaux.

Il ne croit pas du tout que l'homme ait une âme immortelle. La personne, le *moi* n'est autre chose que la continuité des impressions et la comparaison des souvenirs.

L'homme est un animal, c'est le mieux dégrossi des mammifères, le plus capable de morale et de progrès.

Enfin Diderot rejette l'hypothèse de Dieu. Comme André Chénier, il est athée avec délices.

« Soyez logiques et ne substituez pas à la sensibilité de la matière éternelle, qui explique tout, une hypothèse qui ne se conçoit pas, dont la liaison avec l'effet se conçoit encore moins, qui engendre une multitude infinie de difficultés et qui n'en résout aucune. »

Ainsi à l'hypothèse absurde d'un Dieu inétendu et occupant de l'étendue, Diderot substitue la sensibilité, qualité générale et essentielle de la matière. Comme Spinoza, il ne voit qu'une substance dans l'univers, dans l'homme, dans l'animal.

Le premier, il a ébauché la théorie de l'évolution.

« Il semble, écrit Diderot, que la nature se soit plu à varier le même mécanisme d'une infinité de manières différentes.

« Quand on considère le règne animal et qu'on s'aperçoit que parmi les quadrupèdes, il n'y en a pas un qui n'ait les fonctions et les parties, surtout inférieures, entièrement semblables à un autre quadrupède, ne croirait-on pas volontiers qu'il n'y a jamais eu qu'un premier animal, prototype de tous les animaux, dont la nature n'a fait qu'allonger, raccourcir, transformer, multiplier, oblitérer certains organes?

« Quand on voit les métamorphoses successives de l'enveloppe du prototype approcher un règne d'un autre règne par des degrés insensibles, qui ne se sentirait porté à croire qu'il n'y a jamais eu qu'un premier être prototype de tous les êtres. »

Diderot est l'esprit le plus synthétique qui ait surgi depuis Aristote; la connaissance analytique des détails les plus minutieux ne l'empêchait pas de s'élever aux idées d'ensemble, et c'est pourquoi il a été un précurseur du transformisme.

Avant Lamarck, avant Darwin, Diderot a donné dans le *Rêve de d'Alembert* la formule du transformisme : « Les organes produisent les besoins, et réciproquement *les besoins produisent les organes.* » Chaque organe, dit-il, peut être considéré comme un animal particulier.

Nos organes ont une vie distincte dont la loi de continuité fait une vie générale.

« Avez-vous vu quelquefois un essaim d'abeilles s'échapper de leur ruche? Le monde ou la masse générale de la matière est la ruche.

« Les avez-vous vues s'en aller former à l'extrémité de la branche d'un arbre une longue grappe de petits animaux ailés, tous accrochés les uns aux autres par les pattes? Cette grappe est un être. Si l'une de ces abeilles s'avise de pincer d'une façon quelconque l'abeille à laquelle elle s'est accrochée, celle-ci pincera la suivante ; il s'excitera dans toute la grappe autant de sensations qu'il y a de petits animaux ; le tout s'agitera, se remuera, changera de situation et de forme ; il s'élèvera du bruit, de petits cris, et celui qui n'aurait jamais vu une pareille grappe s'arranger, serait tenté de la prendre pour un animal à cinq ou six cents têtes et à mille ou douze cents ailes. L'homme qui prendrait cette grappe pour un animal se tromperait ; mais voulez-vous qu'il juge plus sainement ? Voulez-vous transformer la grappe d'abeilles en un seul et unique animal ? Eh bien, amollissez les pattes par lesquelles elles se tiennent ; de contiguës qu'elles étaient rendez-les continues. Entre ce nouvel état de grappe et le précédent, il y a certainement une différence marquée ; et quelle peut être cette différence, sinon qu'à présent c'est un tout, un animal un, et qu'auparavant ce n'était qu'un assemblage d'animaux. *Tous nos organes ne sont de même que des animaux distincts que la loi de continuité tient dans une sympathie, une unité, une identité générale.*

« L'organisation détermine les fonctions et les besoins ; quelquefois les besoins refluent sur l'organisation et cette influence peut aller quelquefois jusqu'à produire les organes, *toujours jusqu'à les transformer.* » De même que dans les règnes animal et végétal, un *individu* commence, s'accroît, dure, dépérit et passe, n'en serait-il pas de même des *espèces* entières? Ne pourrait-on soupçonner que l'animalité avait de toute éternité ses éléments particuliers épars et confondus dans la masse de la matière ; qu'il est arrivé à ces éléments de se réunir, parce qu'il était possible que cela fût ; que l'embryon formé de ces éléments a passé par une infinité d'organisation et de développement, qu'il s'est écoulé des millions d'années entre chacun de ces développements, qu'il a peut-être d'autres développements à prendre et d'autres accroissements à subir qui nous sont inconnus ; qu'il a eu ou qu'il aura un état stationnaire ; qu'il s'éloigne ou qu'il s'éloignera de cet état par un dépérissement éternel pendant lequel ses facultés sortiront de lui comme elles y étaient entrées ; et qu'il disparaîtra alors pour jamais de la nature ou plutôt qu'il continuera d'y exister, mais sous une forme et avec des facultés tout autres que celles qu'on lui remarque dans cet instant de sa durée. »

Ainsi, le véritable ancêtre du transformisme, — théorie géniale qui a pris naissance en France, — ce n'est ni Lamarck, ni Robinet, mais Diderot.

C'est bien Diderot qui a dit le premier qu'il n'y a jamais eu qu'un seul animal et que la nature entière n'est qu'*un même phénomène transformé*.

Diderot, la remarque en a été faite par M. Caro, dans son *Diderot inédit* (voir *La fin du XVIII° siècle*), Diderot voit dans la nature un être vivant qui a en lui-même le principe de son développement.

Tous les règnes et toutes les espèces se touchent sur leurs confins. L'homme n'est lui-même qu'un animal d'une organisation supérieure.

« Toute l'âme du chien est au bout de son nez. Toute l'âme de l'aigle dans son œil, l'âme de la taupe dans son oreille. Mais il n'en est pas ainsi de l'homme. Il est entre ses sens une telle harmonie qu'aucun ne prédomine ; il conserve toute son autonomie et il en use pour se perfectionner. »

Donc, avant Robinet et Lamarck, c'est Diderot le premier qui a entrevu le transformisme et formulé la théorie de l'évolution. C'est un fait qu'il faut constater, c'est une justice qu'il faut lui rendre, car les philosophes allemands paraissent l'oublier et réclament cette priorité pour eux-mêmes. « A la tête de la civilisation, dit Haeckel, se placent aujourd'hui les

Anglais et les Allemands, qui, par la découverte et le développement de la théorie de l'évolution, viennent de poser les bases d'une nouvelle période de haute culture intellectuelle.

La disposition de l'esprit à adopter cette théorie et la tendance à la philosophie monistique qui s'y rattachent fournissent la meilleure mesure du degré de développement intellectuel de l'homme. »

Bien avant Hæckel et Darwin, avant Bonnet, Lamark et Robinet, c'est Diderot qui, dès 1754, a tracé, dans l'*Interprétation de la nature*, puis dans le *Rêve de d'Alembert* (1769) tout le programme de la doctrine évolutionniste.

En rapprochant l'*Entretien avec d'Alembert* et le *Rêve de d'Alembert* des pensées publiées en 1754, sous le titre d'*Interprétation de la nature*, où il préconise la méthode expérimentale, et du fragment, publié par Naigeon, sur *La matière et le mouvement*, en y joignant les *Éléments inédits de philosophie*, publiés en 1877 par MM. Assézat et Maurice Tourneux, on voit qu'il ne manque à la théorie de Diderot aucun des éléments essentiels du transformisme.

C'est ce qui fait de Diderot un contemporain; c'est ce qui rend ses idées toujours actuelles.

Les progrès de la science, au lieu de le vieillir comme tant d'autres, l'ont rajeuni.

« Ce n'est que de nos jours, dit Scherer, qu'on a compris tout ce qu'il y avait de vive intuition, de divination intérieure dans cet esprit dont on n'admire d'abord que la verve et la sincérité.

La philosophie de Diderot était tout aussi *monistique* que celle d'Hæckel. La nature est une, dit-il, et la science qui la reflète doit être une comme elle.

C'est bien pourquoi il avait conçu l'*Encyclopédie* comme un arbre généalogique de toutes les sciences, indiquant l'origine de chaque branche de nos connaissances et marquant les *liaisons qu'elles ont entre elles et avec la tige commune.*

Ainsi que Leibniz, Diderot voyait une chaîne ininterrompue entre tous les êtres, reliés les uns aux autres par la loi de continuité ; et c'est précisément pourquoi il avait été conduit à supposer que les espèces elles-mêmes pourraient bien n'avoir rien de fixe, s'être transformées les unes dans les autres et être douées d'une force de transformation et d'accommodement aux circonstances qui n'aurait pas encore à présent donné ses derniers résultats.

« Quand on voit, dit-il, les métamorphoses successives de l'enveloppe du prototype, quel qu'il ait été, approcher un règne d'un autre règne par des degrés insensibles et peupler les confins des deux règnes (s'il est permis de se servir de ce terme de confins où il n'y a aucune division réelle), qui donc ne se sentirait porté à croire qu'il n'y a jamais eu qu'un premier être prototype de tous les êtres ? »

Le temps peut expliquer l'évolution des êtres et la transformation des espèces les unes dans les autres.

« Le *nil sub sole novum* n'est qu'un préjugé fondé sur la faiblesse de nos organes, l'imperfection de nos instruments et la brièveté de notre vie. » Songez à la rose de Fontenelle et au sophisme de l'éphémère.

Puisqu'elle est éternelle, le temps n'est rien pour la nature, et tout se fait avec le temps.

Nous croyons les espèces fixes parce que nous ne vivons qu'un instant et que, loin d'être éternels comme la nature, nous ne participons qu'à un instant de sa durée. Mais, de même que dans le règne animal et végétal, un individu commence, s'accroît, dure, dépérit et passe, pourquoi, répéterons-nous après Diderot, pourquoi n'en serait-il pas de même des espèces entières ?

Tout change, tout passe, il n'y a que le tout qui reste.

Le monde, pense Diderot, commence et finit sans cesse ; il est à chaque instant à son commencement et à sa fin. *Rerum novus nascitur ordo*, voilà son inscription éternelle. Ce qui vit a toujours vécu et vivra sans fin. Il n'y a que la manière et la forme qui changent. Le sentiment et la vie sont éternels.

« La vie n'est qu'une suite d'actions et de réactions. La seule différence que je conçois entre la mort et la vie, c'est qu'à présent nous vivons en masse et que, dissous, épars en molécules, dans vingt ans nous vivrons en détail. »

Avant Büchner et Moleschott, Diderot a vu la circulation de la vie. Il n'y a qu'une substance qui prend mille formes dans l'animal, dans l'homme, dans la statue. On fait du marbre avec de la chair et de la chair avec du marbre. Le bloc de marbre, réduit en poussière, se mêle à la terre végétale et la plante, qui croît dans l'humus, est mangée par l'homme.

Dans ce monde si varié d'apparence, Diderot voit l'unité essentielle des forces : attraction, pesanteur, électricité, magnétisme.

Mais quelle que soit la nature primitive des éléments, il suffit, pour expliquer l'éternelle variété des choses, de l'éternelle variété de leurs combinaisons. La matière douée de force suffit à expliquer le monde, et toute autre hypothèse est irrationnelle.

Rien ne peut sortir de rien. Un Dieu, pur esprit, serait sans action possible sur la matière et l'idée théologique de la création est puérile.

Les atomes, puisqu'ils sont, sont éternels et suffisent à donner la raison des choses qu'un Dieu, pur esprit, n'explique pas.

La nature éternelle tire tout d'elle-même. Elle sent dans l'animal, végète dans la plante; elle pense et veut dans l'homme. Le monde a une âme qui est la force infuse en lui. Cette force devient intelligente dans l'homme et donne alors au monde, qui ne l'avait pas, la conscience de lui-même. L'homme est donc la nature, devenue nature humaine.

Dans les *Principes philosophiques*, publiés en 1770, Diderot démontre que la matière n'est nullement indifférente au mouvement et au repos. Tous les corps gravitent les uns sur les autres. La molécule, douée d'une qualité propre à sa nature est, par elle-même, une force active. Elle s'exerce sur une autre molécule qui s'exerce sur elle. Le mouvement appartient à la matière, comme l'étendue. La pesanteur n'est pas une tendance au repos, mais au mouvement local. La force intime inhérente à la molécule, ne s'épuise pas : elle est immuable et éternelle.

A considérer ainsi l'ensemble des choses, on y voit des combinaisons de toute espèce : tout se détruit sous une forme et se reconstruit sous une autre. Et le monde, ainsi fait, rend la supposition d'un être placé hors de l'univers matériel inutile et impossible. Donc, il ne faut pas faire une telle supposition ni en rien inférer.

Qui sait? Il y a peut-être un phénomène central qui jettera ses rayons sur tous les phénomènes inconnus que le temps fera découvrir, qui les unira et qui nous donnera ainsi la cause de chaque fait et la cause des causes qui sera celle de l'univers.

Le *Rêve de d'Alembert* se compose de pensées que d'Alembert endormi, mais rêvant avec un peu de fièvre, exprime tout haut, et sur lesquelles Bordeu et Mlle de Lespinasse, chacun à son point de vue, font leurs réflexions.

— Docteur, dit Mlle de Lespinasse, dans le *Rêve de d'Alembert*, docteur, qu'est-ce que les ophisme de l'éphémère.

Le Dr Bordeu. — C'est celui d'un être passager qui croit à l'immortalité des choses.

Mlle de Lespinasse. — La rose de Fontenelle ne

disait-elle pas que de mémoire de rose on n'avait vu mourir de jardinier ?

Le docteur. — Précisément ; cela est léger et profond.

. . . .

Le Dr Bordeu indique ensuite, en termes précis, le principe même de l'évolution : « Les organes produisent les besoins, et réciproquement les besoins produisent les organes.

La conformation originelle s'altère ou se perfectionne par le besoin et les fontions habituelles.

Deux phénomènes généraux se produisent dans l'océan de matière moléculaire, et expliquent tout ce qu'on y voit : le passage de l'état d'inertie à l'état de sensibilité, et les générations spontanées.

Il n'est rien qui n'ait sa raison dans ces principes. Tous les êtres circulent et les uns dans les autres, tout est un flux perpétuel ; tout animal est plus ou moins homme, tout minéral plus ou moins plante, toute plante plus ou moins animal. Il n'y a qu'un seul grand individu, c'est le tout. Dans ce tout, comme dans un animal, dans une machine, il y a des parties que vous appelez telles ou telles. Un être n'est que la somme d'un nombre de tendances. Les espèces ne sont que des tendances à un terme commun qui leur est propre. La vie n'est qu'une suite d'actions et de réactions. Vivant, j'agis et je réagis en masse, mort, j'agis et je réagis en molécules. Donc on ne meurt point. Naître, vivre et passer, c'est changer de forme et chaque forme a le bonheur ou le malheur qui lui est propre. Il n'y a pas de libre arbitre, il n'y a que tendance et nécessité de tendance.

Ainsi, selon Diderot, le principe des choses est une substance unique qui a en elle le mouvement et, par le mouvement, la sensibilité et la pensée. — La pensée est dans l'étendue, comme un phénomène inhérent à la matière, une des propriétés de la nature.

Telles sont les idées de Diderot sur le monde, exposées dans le *Rêve de d'Alembert* avec tout le mouvement, l'ardeur, la fougue, l'audace et le débordement qui lui sont propres.

Ce sont les idées panthéistes et naturalistes de Spinoza exposées avec l'imagination d'un poète qui sait donner le mouvement et la vie à tout ce qu'il touche. Spinoza est un esprit calme, vigoureux dans la dialectique, mais avant tout logicien. Il ne sort jamais de la région des idées pour entrer, comme le fait Diderot à chaque instant, dans la région de l'imagination et de la sensibilité. Spinoza, c'est le géomètre suivant, *more geometrico*, l'inflexible ligne de ses déductions sévères; Diderot, c'est le poète qui n'a point cette exactitude et cette sévère dialectique, mais qui la remplace par l'ampleur, la vie et la fécondité.

En résumé, Diderot, comme Leibniz, a reconnu partout, sous l'apparence de l'inertie matérielle, la force et la vie. La nature entière lui apparaît non seulement comme une immense collection d'atomes dont les diverses combinaisons produisent, par le mouvement, toutes les propriétés qui affectent nos sens, mais comme un grand foyer d'activité et de vie, dont le rayonnement produit tout ce que nous voyons.

Diderot marche et devance son siècle; il va plus vite et voit plus loin; toujours en progrès sur lui-même, il perfectionne sa philosophie et il la tranforme. Parti du déisme, qu'il examine de près, il arrive à sa conséquence logique qui est l'athéisme.

Il a voulu d'abord « élargir Dieu », il a voulu le voir et l'adorer dans la nature, en dehors des temples, des églises, des mosquées. Puis, l'ayant dispersé dans la nature, il ne voit plus qu'elle et Dieu devient, pour lui, comme pour Laplace, une hypothèse inutile.

On peut constater cette marche ascendante de Diderot vers la vérité, des *Pensées sur l'Interprétation de la nature* (1754), au *Rêve de d'Alembert* (1769).

Après une courte station dans le scepticisme indévot, Diderot est entré pour n'en plus sortir, il s'est fixé dans le naturalisme ou matérialisme scientifique.

C'est pourquoi il fut parmi ses contemporains par excellence le philosophe. « C'est un titre, dit André Lefèvre, qui ne lui sera guère contesté, sinon par ceux qui ne voient point de philosophie hors des traités spéciaux sur la théodicée, la métaphysique ou la psychologie traditionnelles.

Le monde moral est tellement lié au monde physique, qu'il n'y a guère d'apparence que ce soit une seule et même machine. Vous avez été un atome de ce grand tout, le temps vous réduira à un atome de ce grand tout. Chemin faisant, vous aurez passé par une multitude de métamorphoses. De ces métamorphoses, la plus importante est celle sous laquelle vous marchez à deux pieds, la seule qui soit accompagnée de conscience, la seule sous laquelle vous constituez, par la mémoire de vos actions successives, un individu qui s'appelle *moi*. Faites que ce moi-là soit honoré et respecté, et de lui-même, et de ceux qui coexistent avec lui et de ceux qui viendront après lui.

« Le corps, selon quelques philosophes, serait, par lui-même, sans action et sans force ; c'est une terrible fausseté, bien contraire à toute bonne chimie : par lui-même, par la nature de ses qualités essentielles, soit qu'on le considère en molécules, soit qu'on le considère en masse, il est plein d'activité et de force. »

Il n'y a point d'âme distincte séparée du corps, et la nature est une.

C'est des sens que vient toute connaissance, et notre âme est au bout de nos doigts. « Si jamais un philosophe aveugle et sourd fait un homme à l'imitation de celui de Descartes, je vous assure, madame, qu'il placera l'âme au bout des doigts; car c'est de là que lui viennent ses principales sensations et toutes ses connaissances[1]. »

« Il n'y aura rien de démontré en métaphysique, et nous ne saurons jamais rien, ni sur l'origine et le progrès de nos facultés intellectuelles, ni sur l'origine et le progrès de nos connaissances, si le principe ancien, *Nihil est*

---

[1] *Lettre sur les Aveugles.*

in intellectu, quod non prius fuerit in sensu, n'a pas l'évidence d'un premier axiome [1].

« Mon idée serait de décomposer un homme et de considérer ce qu'il tient de chacun des sens qu'il possède. Je me souviens d'avoir été quelquefois occupé de cette espèce d'anatomie métaphysique, et je trouvais que de tous les sens l'œil était le plus superficiel, l'oreille le plus orgueilleux, l'odorat le plus voluptueux, le goût le plus superstitieux et le plus inconstant, le toucher le plus profond et le plus philosophe [2].

« On répugne à admettre que la sensibilité soit une propriété essentielle de la matière, parce qu'il faudrait en conclure que la pierre elle-même sent et que cela est dur à croire. Oui, peut-être pour celui qui la coupe, la taille, la broie et ne l'entend pas crier. Mais y a-t-il vraiment de la différence au fond entre l'homme et la plante, le marbre et la chair? Non, pas plus qu'entre la matière qui se meut et celle qui ne se meut pas, mais n'en a pas moins en elle le mouvement.

« Il en est de la sensibilité comme du mouvement : il y a de la sensibilité inerte et de la sensibilité vive. Il y en a, avec inertie dans le marbre,

---

[1] *Apologie de l'Abbé de Prades.*
[2] *Lettre sur les Sourds et Muets.*

avec activité dans l'homme, l'animal et la plante. Et pour que dans un corps elle passe de l'un de ces états à l'autre, il ne s'agit que de lever l'obstacle qui s'y oppose.

« Ainsi, en mangeant vous levez les obstacles qui s'opposent à la sensibilité active de l'aliment, vous vous l'assimilez, vous l'animalisez, vous le rendez sensible. Si donc vous faisiez du marbre quelque chose de comestible, en le mangeant vous le rendriez sensible, vous dégageriez la sensibilité qu'il renferme en lui; or, qu'il lui arrive de devenir comestible, c'est, ce qui peut fort bien résulter d'une suite de transformations par lesquelles il passerait. Je fais donc ainsi de la chair ou de l'âme comme dit ma fille : je fais donc une matière activement sensible.

« Et de l'être sensible à l'être pensant, il y a certainement moins loin que du marbre à l'être sensible. Sentir, c'est vivre. C'est au moyen d'une certaine organisation, avoir la conscience et la mémoire. Or, l'être qui a l'une et l'autre est capable de nier, d'affirmer, de raisonner, en un mot de penser. *C'est donc la matière qui pense en lui*, et y supposer un autre être qui ait cette propriété, c'est dans ses attributs et prendre pour une réalité un mot vide de sens.

« Nous ne sortons jamais de nous-mêmes,

ce n'est que notre pensée que nous apercevons [1]. »

« Notre âme est un tableau mouvant d'après lequel nous peignons sans cesse. Nous employons bien du temps à le rendre avec fidélité; mais il existe en entier et tout à la fois : l'esprit ne va pas à pas comptés comme l'expression [2]. »

II

Nous venons d'assister aux efforts de Diderot pour dégager du chaos la vérité humaine; nous allons maintenant voir ses idées relatives à la liberté morale et à la pratique du bien ; puis à la réalisation du beau, en deux mots : sa morale et son esthétique.

On pourra, dès lors, constater l'unité de sa pensée dans toutes ses œuvres. Philosophie, morale, critique littéraire, critique des beaux-arts, compositions dramatiques, tout porte l'empreinte d'un même sentiment et d'un même esprit. Diderot ne connaît qu'un Dieu en métaphysique, qu'une loi en morale, qu'une règle en esthétique : la nature et l'organisation humaine,

(1) *Lettre sur les Aveugles.*
(2) *Lettre sur les Sourds et Muets.*

la nature sans fard, dans toute sa simplicité, mais aussi dans toute sa force et dans toute sa grandeur.

Le critérium qu'il applique à la pratique du bien est celui qui s'applique aussi à la réalisation du beau. C'est ainsi que son esthétique touche à sa morale qui n'est pour lui que l'esthétique appliquée à la vie.

A l'article du *Juste* dans l'*Encyclopédie*, Diderot s'exprime ainsi : « C'est de la nature même de l'homme que résulte la propriété de ses actions ; une action qui convient ou ne convient pas à la nature de l'être qui la produit est bonne ou mauvaise moralement, parce qu'elle s'accorde avec l'essence de l'être qui la produit ou qu'elle y répugne.

Or, si l'on suppose des êtres créés de façon qu'ils ne puissent subsister qu'en se soutenant les uns les autres, il est clair que leurs actions sont convenables ou ne le sont pas, à proportion qu'elles s'approchent ou s'éloignent de ce but, et que ce rapport avec notre conservation fonde les qualités du bon et du droit, de mauvais et de pervers, qui ne dépendent, par conséquent, d'aucune convention arbitraire, mais de l'organisation même de l'homme.

« Si donc nous voulons remplir nos devoirs

envers les autres hommes, soyons justes et bienfaisants : l'injustice, ce principe fatal des maux du genre humain, n'afflige pas seulement ceux qui en sont les victimes; c'est une sorte de serpent qui commence par déchirer le sein de celui qui le porte. Elle prend naissance dans l'avidité des richesses ou dans celle des honneurs, et elle en fait sortir avec elle un germe d'inquiétude et de chagrin. — L'habitude de la justice et de la bienveillance, qui nous rend heureux principalement par les mouvements de notre cœur, nous rend tels aussi par les sentiments qu'elle inspire à ceux qui nous approchent [1].

« La nature universelle, dit Justinien, Livre X, art. I, ayant créé les hommes les uns pour les autres, afin qu'ils se donnent des secours mutuels, celui qui viole cette loi commet une impiété envers la divinité la plus ancienne : car la nature universelle est la mère de tous tous les êtres, et par conséquent tous les êtres ont une liaison naturelle entre eux. On l'appelle aussi *la Vérité*, parce qu'elle est la première cause de toutes les vérités. [2] »

Dans son article *Plaisir*, Diderot reprend et développe cette idée que la justice, la bienveil-

---

[1] *Encyclopédie*, article *Plaisir* (Morale).
[2] *Encyclopédie*, article *Vertu* (Morale).

CH. IV. — SES IDÉES MORALES

lance et la vertu sont étroitement liées avec le bonheur.

Le plaisir est un sentiment de l'âme qui nous rend heureux pendant tout le temps que nous le goûtons. Nous ne saurions trop admirer combien la nature est attentive à remplir nos désirs ; si par le seul mouvement elle conduit la matière, ce n'est aussi que par le plaisir qu'elle conduit les humains. Elle a pris soin d'attacher de l'agrément à ce qui exerce les organes du corps sans les affaiblir, à toutes les occupations de l'esprit qui ne l'épuisent pas par par une trop vive et trop longue contention, à tous les mouvements du cœur, que la haine et la contrainte n'empoisonnent pas, enfin à l'accomplissement de nos devoirs.

Le cœur, comme l'esprit et le corps, est *fou de plaisirs*. La nature nous offre de toutes parts des sentiments agréables ; en nous composant de diverses facultés, elle a voulu qu'il n'y en eût aucune dont l'exercice ne fût un plaisir.

Nous cherchons tous, nécessairement, à être heureux. La vue du bonheur accompagne les hommes dans les occasions les plus contraires au bonheur même. Le farouche Anglais qui se défait veut être heureux ; le brahmine qui se macère veut être heureux ; le courtisan qui se rend esclave veut être heureux ; la multitude, la diversité et la bizarrerie des voies ne démontrent que mieux l'unité du but. Nous avons des passions qui créent en nous des besoins, et ces besoins se résument dans le désir naturel du plaisir. Les passions ne sont pas mauvaises en elles-mêmes. Au contraire, ce sont elles qui nous indiquent la route du bonheur. C'est dans ce but qu'il faut raisonner nos actions, c'est-à-dire faire servir au développement et au perfectionnement de notre être, la raison qui est notre plus haute faculté, mais qui n'est en nous que pour contribuer comme les autres, à notre bonheur.

Ainsi, la doctrine morale de Diderot est au fond celle d'Épicure, la morale de l'intérêt et du bonheur. Il reconnaît lui-même qu'Épicure est son maître : « Épicure, le seul d'entre tous les philosophes anciens qui ait su concilier sa morale avec le vrai bonheur de l'homme et ses préceptes avec les appétits et les besoins de la nature. »

Quoi de plus heureux que de se plaire dans une suite d'occupations convenables à ses talents et à son état ? La sagesse écarte loin de nous le chagrin, elle garantit même de la douleur qui, dans les tempéraments bien conformés, ne doit guère sa naissance qu'aux excès; lorsqu'elle ne peut la prévenir, elle en émousse du moins l'impression, toujours d'autant plus forte qu'on y oppose moins de courage.

Cette conception tout utilitaire a presque toujours semblé basse, ou tout au moins peu noble. « Des gens qui n'avaient jamais attaché au mot *intérêt* d'autre idée que celle de l'or et de l'argent, se révoltèrent contre une doctrine qui donnait l'intérêt pour le mobile de toutes nos actions, tant il est dangereux en philosophie de s'écarter du sens usuel et populaire des mots. »

A proprement parler, cependant, l'altruisme n'est qu'un égoïsme noble, puisque, pour l'homme bien né, le sacrifice porte en lui-même sa récompense, un contentement de soi qui a plus de prix que le bien sacrifié pour le ressentir. Il n'y a que les âmes qui sentent bassement, qui ne comprennent pas le plaisir du dévouement. « L'estime juste de soi, les applaudissements légitimes de la conscience ne sont-ils pas des récompenses assez amples pour dédommager l'homme de bien des vanités, des frivolités, des avantages futiles, qu'il sacrifie au plaisir d'être constamment estimé de lui-même et des autres ? » Il n'y a donc, à parler rigoureusement, qu'un devoir : c'est d'être heureux. Tout ce que nous faisons, c'est pour nous : nous avons l'air de nous sacrifier, lorsque nous ne faisons que nous satisfaire.

Il n'y a qu'une vertu, c'est la justice : le bonheur de chacun dépend du bonheur des autres, et les droits d'autrui sont la limite des siens. L'utilité commune, voilà donc le but et la base de la morale de Diderot[1]. « L'homme qui y contribue le plus est le plus moral dans sa conduite et, s'il en est payé par un vif sentiment de plaisir, il est le plus moral dans son cœur. »

« L'homme est intègre ou vertueux lorsque, sans aucun motif bas ou servile, tel que l'espoir d'une récompense ou la crainte d'un châtiment, il contraint toutes ses passions à concourir au bien général de son espèce : effort héroïque, et qui toutefois n'est jamais contraire à ses intérêts particuliers. »

L'homme vertueux est un artiste, dont le génie consiste à se perfectionner. Le plaisir le plus sensible au sage est celui que fait naître en lui l'idée et la pratique de la perfection. C'est

---

(1) « Si l'on suppose des êtres créés de façon qu'ils ne puissent subsister qu'en se soutenant mutuellement, il est clair que leurs actions sont convenables ou ne le sont pas à proportion qu'elles se rapprochent ou qu'elles s'éloignent de ce but. »

l'objet de son culte, auquel il sacrifie les plus grands établissements et sa personne même[1].

Dans ses *Pensées philosophiques*, Diderot ose, comme Vauvenargues, prendre la défense des passions que les moralistes à courte vue attaquent si puérilement.

« On déclame sans fin contre les passions, on leur impute toutes les peines de l'homme, et l'on oublie qu'elles sont aussi la source de tous ses plaisirs. On croirait faire injure à la raison si on disait un mot en faveur de ses rivales; cependant il n'y a que les passions et les grandes passions qui peuvent élever l'âme aux grandes choses. Les passions sobres font les hommes communs. Les passions amorties dégradent les hommes extraordinaires. — Ce serait donc un bonheur que d'avoir des passions fortes? — Oui, sans doute, si toutes sont à l'unisson et établissent entre elles une juste harmonie. »

Vauvenargues, comme Diderot, recommande l'action et les passions nobles. Vivre, c'est agir en homme et agir fortement. « L'homme,

---

(1) Il semble que le généreux Farcy, mort sur les barricades de 1830, se soit inspiré de ces sentiments de Diderot quand il a écrit : « Chacun de nous est un artiste qui a été chargé de sculpter lui-même sa statue pour son tombeau et chacun de nos actes est un des traits dont se forme notre image. »

disait-il, est maintenant en disgrâce chez tous ceux qui pensent, et c'est à qui le chargera de vices, mais peut-être est-il sur le point de se relever et de se faire restituer toutes ses vertus. »

Diderot, précisément, relève l'homme, et par la défense qu'il présente de ses passions généreuses, il lui restitue ses vertus.

La morale chrétienne et ascétique fait violence à la nature humaine qui est l'idéal et la loi. Tout ce qui tend à dépasser la nature est absurde ou chimérique. Mais s'il fait justice des aberrations mystiques du chrétien, Diderot veut l'homme complet; il le veut avec toutes ses faiblesses, mais aussi avec toute sa force. « Il glorifie les passions et prêche l'amour du plaisir, mais en même temps il célèbre les nobles affections, les sentiments purs, l'enthousiasme et le dévouement[1]. »

Dans la constitution de l'homme, les passions sont un élément dont on ne peut dire ni trop de bien ni trop de mal. « Mais ce qui me donne de l'humeur[2], c'est qu'on ne les regarde jamais que du mauvais côté... C'est le comble de la folie que de se proposer la ruine des passions. Le

(1) E. Vacherot.
(2) Diderot. *Pensées philosophiques.*

beau projet que celui d'un dévot qui se tourmente comme un forcené pour ne rien désirer, ne rien aimer, ne rien sentir et qui finirait par devenir un vrai monstre, s'il réussissait. »

En dépit de ses professions de foi matérialistes, Diderot semble avoir compris que les plus incrédules peuvent encore se rencontrer avec les croyants, s'unir à eux dans une commune invocation. S'adressant à Dieu même, il lui dit, dans le même sens que Pascal et Kant : — « Les uns t'affirment, les autres te nient, mais ton idée n'en doit pas moins demeurer une règle de conduite. O Dieu ! j'agirai comme si tu voyais dans mon âme, je vivrai comme si j'étais devant toi. »

La morale toutefois est indépendante de la religion ; cela n'est contesté que par les prêtres et les théologiens qui n'auraient plus de raison d'être si cette vérité était admise par tous.

Il ne faut pas confondre l'immoralité et l'irréligion. La moralité peut être sans la religion ; et la religion est souvent avec l'immoralité.

Sans étendre ses vues au delà de cette vie, il y a une foule de raisons qui peuvent démontrer à un homme que, pour être heureux dans ce monde, tout bien pesé, il n'y a rien de mieux à faire que d'être vertueux.

Il ne faut que du sens et de l'expérience, pour

sentir qu'il n'y a aucun vice qui n'entraîne avec lui quelque portion de malheur, et aucune vertu qui ne soit accompagnée de quelque portion de bonheur ; qu'il est impossible que le méchant soit tout à fait heureux, et l'homme de bien tout à fait malheureux ; et que malgré l'intérêt de l'attrait du moment, il n'a pourtant qu'une conduite à tenir.

Suivant Diderot, il n'y a pas de loi morale antérieure à l'homme. Comment, pourquoi, par qui et pour qui cette loi existerait-elle ? Les lois humaines naissent des rapports des hommes entre eux. Donc, la loi humaine est contemporaine de l'humanité qu'elle régit.

L'homme a une nature certaine. Il doit donc faire ce qui convient à cette nature ; ce qui lui convient c'est le bien ; ce qui ne lui convient pas est le mal.

La morale idéale est celle qui est conforme à l'organisation normale et idéale de l'homme. Mais la perfection et l'absolu n'existent ni dans l'homme ni dans la morale qui est son ouvrage, puisqu'elle n'est que la constatation et la science des rapports progressifs des hommes entre eux. Donc, la morale suit pas à pas les lents progrès de l'espèce humaine ; elle se révèle d'abord aux sages et se découvre peu à peu à tous ; elle s'améliore avec les siècles et se modifie suivant les milieux et les climats.

Diderot a une haute idée de la morale, « de cet arbre immense, dont la tête touche aux cieux et dont les racines pénètrent jusqu'aux enfers, où tout est lié, où la pudeur, la décence, la politesse, les vertus les plus légères, s'il en est de telles, sont attachées comme la feuille au rameau, qu'on déshonore en l'en dépouillant. »

Quant à la liberté morale, c'est un vain mot. La liberté morale n'existe pas. Ce qu'on nomme le libre arbitre est « l'illusion d'un être qui a conscience de lui-même comme cause et n'a pas conscience de lui-même comme effet ».

La liberté n'est qu'un préjugé ; il y a dans l'homme qui réfléchit un enchaînement d'idées, et dans l'homme qui agit un enchaînement d'incidents dont le plus insignifiant est aussi contraint que le lever du soleil. La volonté n'est que la dernière impulsion, le dernier résultat de tout ce qu'on a été depuis la naissance jusqu'au moment où l'on est.

Est-ce qu'on veut de soi ? La volonté naît toujours de quelque motif interne ou externe, de quelque impression présente, de quelque réminiscence du passé, de quelque passion, de quelque projet dans l'avenir. « Après cela, je ne dirai de la liberté qu'un mot, c'est que la dernière de nos actions est l'effet nécessaire d'une cause une, nous, très compliquée mais une. Et le vice et la vertu, que sont-ils? — De la bienfaisance et de la malfaisance. On est heureusement ou malheureusement né ; on est irrésistiblement entraîné par le torrent général qui conduit l'un à la gloire et l'autre à l'ignominie. — Et l'estime de soi, la honte, le remords? — Puérilités fondées sur l'ignorance et la vanité d'un être qui s'impute à lui-même le mérite ou le démérite d'un instant nécessité. — Et les récompenses et les peines? — Des moyens de corriger l'être qu'on appelle méchant et d'encourager celui qu'on appelle bon. — Mais toute cette doctrine n'a-t-elle rien de dangereux? — Est-elle vraie, elle peut sans doute avoir des inconvénients, mais ils sont moindres que ceux du mensonge. Les suites fâcheuses de la vérité, quand elle en a, passent vite ; celles du mensonge ne finissent qu'avec lui. »

Dans une lettre de 1766[1], Diderot revient sur ce sujet de la liberté morale : Regardez-y de près, et vous verrez que le mot de *liberté* est un mot vide de sens; qu'il n'y a point et qu'il ne peut

---

(1) Entretien avec *d'Alembert*.

y avoir d'être libre ; que nous ne sommes que ce qui convient à l'ordre général, à l'organisation, à l'éducation et à la chance des événements. Voilà ce qui dispose de nous invinciblement. On ne conçoit pas plus qu'un être agisse sans motif, que le bras d'une balance agisse sans l'action d'un poids, et le motif est tantôt externe dépendant des choses environnantes et tantôt interne dépendant de notre caractère et de nos passions.

Ce qui nous trompe, c'est la prodigieuse variété de nos actions, jointe à l'habitude que nous avons prise en naissant de confondre le volontaire avec le libre. C'est un préjugé bien vieux que celui de croire à notre liberté morale. Qu'est-ce qui distingue les hommes ? La bienfaisance et la malfaisance. Le malfaisant est un homme qu'il faut détruire et non punir ; la bienfaisance est une bonne fortune et non une vertu. Mais, quoique l'homme bienfaisant ou malfaisant ne soit pas libre, il n'en est pas moins un être qu'on modifie. C'est par cette raison qu'il faut détruire le malfaiteur sur une place publique. De là les effets de l'exemple, des discours, de l'éducation, des plaisirs, de la douleur... De là une sorte de philosophie pleine de commisération, qui attache fort aux bons et ne s'irrite pas plus contre un méchant que contre un ouragan... Une pierre tombe parce qu'elle pesante. Il n'y a qu'une sorte de causes à proprement parler : ce sont les causes physiques; il n'y a qu'une sorte de nécessité : c'est la même pour tous les êtres. Ne rien reprocher aux autres, ne se repentir de rien, voilà les premiers principes de la sagesse.

Les devoirs de l'homme consistent à se rendre heureux; d'où dérive la nécessité de contribuer au bonheur des autres, ou en d'autres termes d'être vertueux.

Selon Diderot, la vertu qui consiste à contribuer au bonheur des autres a son principe et sa raison d'être dans le devoir de nous rendre heureux nous-mêmes. L'intérêt personnel est la seule base inébranlable de la morale et le principe unique de toutes nos vertus.

Dans une note, Diderot ajoute :

On a tort de s'en prendre aux passions des crimes des hommes; c'est leurs faux jugements qu'il en faut accuser. Les passions nous inspirent toujours bien, puisqu'elles ne nous inspirent que le désir du bonheur; c'est l'esprit qui nous conduit mal et qui nous fait prendre de fausses routes pour y parvenir. Ainsi nous ne sommes criminels que parce que nous jugeons mal;

c'est la raison, et non la nature qui nous trompe. Mais, me dira-t-on, l'expérience est contraire à votre opinion, et nous voyons que les personnes les plus éclairées sont souvent les plus vicieuses. Je réponds que ces personnes sont en effet très ignorantes sur leur bonheur, et là-dessus je m'en rapporte à leur cœur; s'il est un seul homme sur la terre qui n'ait pas eu sujet de se repentir d'une mauvaise action par lui commise, qu'il me démente dans le fond de son âme. Eh ! que serait la morale s'il en était autrement ? Que serait la vertu ? On serait insensé de la suivre, si elle nous éloignait de la route du bonheur, et il faudrait étouffer dans nos cœurs l'amour qu'elle nous inspire pour elle comme pour le penchant le plus funeste. Cela est affreux à penser. Non, *le chemin du bonheur est le chemin même de la vertu. Le témoignage de soi, voilà la source des vrais biens et des vrais maux.*

Diderot ramène la vertu individuelle à la *sincérité envers soi-même* et à la *fermeté* qui donne de la teneur et de la suite à notre conduite. C'est la fermeté, dit-il, dans une lettre à la comtesse de Forbach sur l'éducation d'un enfant, qui le résignera à sa destinée et qui l'élèvera au-dessus des revers.

Quant à la morale sociale, *justice* et *bienfai-*

sance la résument. « A la rigueur, il n'y a point de lois pour le sage, car toutes étant assujetties à des exceptions, c'est à lui qu'il appartient de juger des cas où il faut s'y soumettre ou s'en affranchir[1]. »

En tête de son drame du *Père de famille*, Diderot a placé, en guise de préface, une *Lettre à la princesse de Nassau* dans laquelle il lui dit : « Quelque distance qu'il y ait de l'âme d'un poète à celle d'une mère, j'oserai descendre dans la vôtre, y lire et révéler quelques-unes des pensées qui l'occupent. — J'élèverai mon enfant; c'est le moyen de me le bien donner.

« L'éducation fondera sa reconnaissance et mon autorité. Je lui inspirerai avant tout le libre exercice de sa raison. Un autre principe que je ne cesserai ensuite de lui recommander, c'est la sincérité envers soi-même, et, ce qui en découle, l'estime et le respect de soi-même. — Il est beau de se soumettre soi-même à la loi qu'on s'impose.

« L'habitude de la vertu est la seule que vous puissiez contracter sans crainte pour l'avenir. Tôt ou tard, les autres sont importunes. Lorsque les passions tombent, la honte, l'ennui, la douleur commencent. Alors, on craint de se regar-

---

(1) *Entretien d'un Père avec ses Enfants.*

der. La vertu se voit elle-même toujours avec complaisance. Elle est une maîtresse à laquelle on s'attache autant par ce qu'on fait pour elle que par les charmes qu'on lui croit. Le vice et la vertu travaillent sourdement en nous. Ils n'y sont pas oisifs un moment ; chacun mine de son côté ; mais le méchant ne s'occupe pas à se rendre bon ; il est lâche dans le parti qu'il a pris. *Faites-vous un but qui puisse être celui de toute votre vie.* »

« L'on doit n'exiger jamais d'un autre ce que vous ne feriez pas pour lui, ou soumettez-vous à des soupçons de finesse et d'injustice.

« Je vois les projets des hommes, et je m'y prête souvent, sans daigner les désabuser sur la stupidité qu'ils me supposent. Il suffit que j'aperçoive dans leur objet une grande utilité pour eux, assez peu d'inconvénient pour moi. Ce n'est pas moi qui suis une bête, toutes les fois qu'on me prend pour tel.

« Tout ce que nous faisons c'est pour nous ; nous avons l'air de nous sacrifier, lorsque nous ne faisons que nous satisfaire (les hommes généreux sont sages puisqu'ils sont heureux de leurs sacrifices et puisque leur bonheur est conforme au bonheur des autres).

« Certainement ils sont heureux ; car quoi qu'il

leur coûte, ils sont toujours ce qui leur coûte le moins. Si vous voulez peser les avantages qu'ils se procurent, et surtout les inconvénients qu'ils évitent, n'oubliez pas d'apprécier la considération des autres et celle de soi-même, tout ce qu'elles valent; n'oubliez pas non plus qu'une mauvaise action n'est jamais impunie; je dis jamais parce que la première que l'on commet dispose à une seconde, celle-ci à une troisième, et que c'est ainsi qu'on s'avance peu à peu vers le mépris de ses semblables, le plus grand de tous les maux. Déshonoré dans une société, dira-t-on, je passerai dans une autre où je saurai bien me procurer les honneurs de la vertu : erreur. Est-ce qu'on cesse d'être méchant à volonté ? Après s'être rendu tel, ne s'agit-il que d'aller à cent lieues pour être bon, ou que de s'être dit : « je veux l'être ». Le pli est pris, il faut que l'étoffe le garde.

« L'homme n'agit pas sans motif; par conséquent, il n'est point libre; le plus fort l'entraîne toujours. Ce qui distingue les hommes, c'est la bienfaisance et la malfaisance. Mais bien que l'homme bon ou malfaisant ne soit pas libre, l'homme n'en est pas moins un être qu'on modifie. De là les bons effets de l'exemple, des discours, de l'éducation, du plaisir, de la douleur, etc. ; de là une sorte de philosophie pleine de commisération qui attache forcément aux bons, qui n'irrite non plus contre le méchant, que contre un ouragan qui nous remplit les yeux de poussière. »

Ces principes nous réconcilient avec les autres et avec nous-mêmes.

Ne rien reprocher aux autres, ne se repentir de rien, voilà les premiers pas vers la sagesse.

Dans son article sur le *Beau*, Diderot commence par passer en revue et apprécier rapidement les principales opinions qui ont été proposées sur ce sujet. Aucune ne le satisfait; et il s'occupe de compléter les théories de ses devanciers par une analyse approfondie des notions de rapport, d'ordre et de symétrie.

Selon lui, ces notions sont expérimentales comme les autres ; elles viennent de la faculté de sentir ou de penser excitée par nos besoins ; elles viennent par les sens. Le beau est tout ce qui réveille en nous l'*idée des rapports*, en s'adressant soit au sentiment, soit à la raison.

Diderot excelle à montrer les causes de la diversité des jugements et des erreurs touchant le beau. Il fait remarquer que le beau est toujours essentiellement relatif.

Voulez-vous voir le beau, paraissant, disparaissant, changeant avec les rapports mêmes? Prononcez le *qu'il mourût* des *Horaces* devant un homme qui ignore Corneille ; ou mettez-le dans la bouche du vieil Horace ; ou que Scapin, fuyant, le dise de son maître attaqué par des brigands ; vous avez l'insignifiant, le sublime, le burlesque. Il est donc constant que la beauté commence, s'accroît, varie, décline et disparaît avec les rapports.

L'âme veut vivre. Tout ce qui l'élève, tout ce qui l'étend, tout ce qui l'exerce sans la fatiguer, lui plaît.

L'esprit aime la symétrie, les proportions, la convenance, qui grandissent et soulagent l'attention ; ce lui est un doux exercice de pénétrer les pensées fines qui, de même que la bergère de Virgile, se cachent autant qu'il le faut pour qu'on ait le plaisir de les trouver.

Il y a aussi une douceur secrète attachée à toute émotion de l'âme. Dans la peinture que la poésie fait des passions, ce qui en fait le principal agrément, c'est que telle est leur contagion, qu'on ne peut guère les voir sans les ressentir. La tragédie divertit d'autant mieux qu'elle fait couler plus de larmes ; tout mouvement de tendresse, d'amitié, de reconnaissance, de générosité, de bienveillance, est un sentiment de plaisir.

Ainsi, l'art est la vie choisie et transformée par une âme sensible. Le goût est une faculté, acquise par des expériences réitérées, à saisir le vrai ou le bon, avec la circonstance qui le rend beau, et d'en être promptement et vivement touché.

Dans cet article sur le *Beau*, dans ses *Pensées sur la peinture*, dans ses *Salons*, Diderot observe et recommande toujours l'alliance du beau et du bien, de l'esthétique avec la morale.

Pourquoi les ouvrages d'art des anciens ont-ils un si grand caractère ? C'est qu'ils avaient tous fréquenté les écoles des philosophes. Tout morceau de sculpture ou de peinture doit être l'expression d'une grande maxime, une leçon pour le spectateur ; sans quoi il reste muet. « Deux choses sont essentielles aux arts : la morale et la perspective. »

En résumé, le vrai est la convenance des actes de l'homme avec sa fin ; le beau, la splendeur du vrai et du bon. Ajoutez au vrai et au bon quelque circonstance rare, éclatante, et le vrai sera beau et le bon sera beau.

Pour juger du bon goût, il faut bien déterminer de quel côté sont les bonnes mœurs. « Où un jeune libertin trouve la beauté d'une femme, nez retroussé lèvres riantes, œil éveillé, démarche délibérée, moi je tourne le dos et j'arrête mes regards sur un visage où je lis de l'innocence, de l'ingénuité, de la candeur, de la dignité, de la décence. » La beauté est une promesse de bonheur, comme l'a dit Stendhal. Le jeune libertin et Diderot ne conçoivent pas le bonheur de la même manière ; c'est pourquoi ce n'est point la même beauté qui leur plaît à tous deux, ni les mêmes choses qui leur semblent belles. « Croyez-vous, ajoute Diderot, qu'il soit bien difficile de décider qui a tort du jeune homme ou de moi ? Son goût se réduit à ceci : j'aime le vice ; le mien à ceci : j'aime la vertu. »

III

Il n'y a, dit Spuller, aucun des écrits tombés de la plume infatigable de Diderot qui n'ait eu pour objet de protester au nom de la raison contre les préjugés, au nom de la liberté contre la tyrannie, au nom de la tolérance contre le fanatisme, et qui n'ait contribué, dans une large mesure, à propager ce grand mouvement d'idées qui a donné naissance à la Révolution française.

Aucun homme, écrit Diderot, n'a reçu de la

nature le droit de commander aux autres. La liberté est un présent du ciel, et chaque individu a le droit d'en jouir. Si la nature a établi quelque autorité, c'est la puissance paternelle, qui doit finir dès que les enfants sont en état de se conduire. Toute autre *autorité* vient d'une autre origine que la nature. Qu'on examine bien, et on la fera toujours remonter à l'une de ces deux sources : ou la force et la violence de celui qui s'en est emparé, ou le consentement de ceux qui s'y sont soumis par un contrat fait ou supposé entre eux et celui à qui ils ont déféré l'autorité.

La puissance qui s'acquiert par la violence n'est qu'une usurpation, et ne dure qu'autant que la force de celui qui commande l'emporte sur celle de ceux qui obéissent.

Il n'y a point d'*autorité* sans loi ; il n'y a point de loi qui donne une *autorité* sans bornes. Tout pouvoir a ses limites... La couronne, le gouvernement et l'autorité publique sont des biens dont la nation est propriétaire, et dont les princes sont les usufruitiers, les ministres, les dépositaires.

« Hâtons-nous de rendre la philosophie populaire. Si nous voulons que les philosophes marchent en avant, approchons le peuple du point où en sont les philosophes. Diront-ils qu'il est des ouvrages qu'on ne mettra jamais à la portée du commun des esprits ? S'ils le disent, ils montreront seulement qu'ils ignorent ce que peuvent la bonne méthode et la bonne habitude[1]. »

Dans un *dialogue* supposé entre un père et sa fille, après une conversation sur les devoirs des riches envers les déshérités de ce monde, la fille que Diderot met en scène, dit :

« Mon bon père rêvait, je lui en demandais le sujet; il fit difficulté de me le dire, craignant que les idées qui l'occupaient ne fussent au-dessus de ma portée. En effet, je n'en compris pas alors toute l'étendue. Mourrai-je, me dit-il, sans avoir vu exécuter qui préviendrait toutes les années des millions d'injustices et qui produirait une infinité de biens ? C'est la *publication du tarif général des impôts et de leur répartition.* Par là on connaîtrait le dénombrement du peuple, la population d'un lieu et la dépopulation d'un autre, les richesses de chaque citoyen, la pauvreté et par conséquent la dette des riches; *l'inégalité de la répartition serait empêchée.* L'impôt ne doit tomber que sur celui qui est au-dessus du besoin réel. Celui qui est au-dessous est de la classe des pauvres, et elle ne doit rien

[1] *Traité de l'interprétation de la nature.*

payer. Sans compter le frein que cette publicité mettrait nécessairement à l'avidité et aux vexations des gens préposés à la perception des impôts. C'est dans nos provinces, dans nos campagnes qu'on peut voir à quels excès ces abus sont portés... Cette conversation dura jusqu'au soir, et je la vis finir à regret. »

Diderot ne fut pas seulement un réformateur théorique du régime fiscal, ses *Pensées philosophiques*, son *Essai sur les règnes de Claude et de Néron* contiennent des vues politiques remarquables; de plus, sous le titre de *Principes de la politique des Souverains*, il a publié un recueil de maximes où il a osé mettre à nu la politique des despotes, les secrets de l'empire, *arcana imperii*, comme il dit après Tacite et Machiavel, et où il leur oppose les principes rationnels de la morale et du droit.

En voici quelques-unes :

« Le despotisme suppose une armée puissante qui soit tout entière dans la main du souverain. Celui qui n'est pas maître du soldat n'est maître de rien. Celui qui est maître du soldat est maître de la finance. Donc le despote doit tout sacrifier à l'État militaire; pour lui, tous les ordres de sujets se réduisent à deux : des soldats et leurs pourvoyeurs.

« Je me soucie fort peu, dit le souverain, qu'il y ait des lumières, des poètes, des orateurs, des peintres, des philosophes ; je ne veux que de bons généraux ; la science de la guerre est la seule utile. Je me soucie bien moins des mœurs que de la discipline militaire.

« En réalité, mes sujets ne sont que des ilotes sous un nom supposé, et mes idées suivies par cinq ou six successeurs conduiraient infailliblement à la monarchie universelle. »

Pour accoutumer le peuple à sa servitude, un moyen très sûr est de toujours demander l'approbation dont on peut se passer; de toujours mettre avant le sien le nom du sénat et du peuple : *Ex senatus-consulto et auctoritate Cæsaris*. On n'y manque guère, ajoute Diderot, quand le sénat n'est rien.

Une autre maxime des despotes est de ne jamais manquer de justice dans les petites choses, parce qu'on en est récompensé par la facilité qui en résulte de l'enfreindre impunément dans les grandes.

Le despote doit *tirer parti de la nuit pour faire ses coups* : « Les ordres de la souveraineté qui s'exécutent la nuit marquent, il est vrai, injustice ou faiblesse; n'importe : que les peuples n'apprennent la chose que quand elle est faite. »

Sur l'alliance funeste du trône et de l'autel :

— Qu'est-ce qu'un roi ? se demande Diderot. *Si le prêtre osait répondre, il dirait : c'est mon licteur.*

Toutes les pensées de Diderot respirent ainsi la haine du despotisme et l'horreur de la servitude. « La contrainte des gouvernements despotiques rétrécit l'esprit sans qu'on s'en aperçoive ; machinalement on s'interdit une certaine classe d'idées fortes, comme on s'éloigne d'un obstacle qui nous blesserait ; et lorsqu'on est accoutumé à cette marche pusillanime et circonspecte, on revient difficilement à une marche audacieuse et franche. »

« Sous quelque gouvernement que ce soit, *le seul moyen d'être libre, ce serait d'être tous soldats ;* il faudrait que dans chaque condition le citoyen eût deux habits, l'habit de son état et l'habit militaire. Aucun souverain n'établira cette éducation. Il sait trop bien qu'il n'y a de bonnes remontrances que celles qui se font la baïonnette au bout du fusil. »

L'homme est son propre maître. La nature n'a point fait d'esclaves. Convenir avec un souverain qu'il est le maître absolu pour le bien, c'est convenir qu'il est le maître absolu pour le mal, tandis qu'il ne l'est ni pour l'un ni pour l'autre. On a confondu les idées de père avec celles de roi. Peuples, ne permettez pas à vos prétendus maîtres de faire même le bien contre votre volonté générale. »

« O redoutable notion de l'utilité publique; Parcourez les temps et les nations, et cette grande et belle idée d'utilité publique se présentera à votre imagination sous l'image symbolique d'un Hercule qui assomme une partie du peuple aux cris de joie et aux acclamations de l'autre partie, qui ne sent pas qu'incessamment elle tombera écrasée sous la même massue aux cris de joie et aux acclamations des individus actuellement vexés. Les uns rient, quand les autres pleurent ; mais la véritable notion de la propriété entraînant le droit d'us et d'abus, jamais un homme ne peut être la propriété d'un souverain, un enfant la propriété d'un père, une femme la propriété d'un mari, un domestique la propriété d'un maître, un nègre la propriété d'un colon. — La police obvie à la licence, l'administration doit rassurer la liberté. »

Sur la liberté de la presse, Diderot affirme aussi les droits de l'homme. Il constate que la liberté de penser est le droit naturel : « La liberté de publier ses pensées n'admet aucun privilège exclusif; l'art de penser appartient de droit à toute la classe bipède des hommes; c'est au temps à exterminer toutes les productions ridicules, et il s'acquitte de ce devoir sans que personne s'en mêle. » Cette liberté existe en Angleterre : quels maux entraîne-t-elle ? Et ne voit-on pas au contraire le bien qu'il en résulte ? « Elle porte naturellement les hommes de lettres à rechercher les vraies causes des faits historiques et à les publier, ce qui se peut sans danger, en Angleterre surtout, où l'on jouit toujours de ces temps heureux que les Romains eurent sous Trajan. »

Diderot insiste avec force sur la nécessité de développer l'éducation publique. Il loue ce qui se passe en Allemagne. Là, dit-il, il y a matin et soir des heures fixes pour l'instruction publique, où tous les enfants assistent *gratuitement*; mais, après les heures publiques, le maître d'école en tient encore une privée pour les enfants des citoyens plus aisés, qui lui paient pour les soins particuliers une modique rétribution.

Il serait à désirer, écrit-il encore dans le *Plan d'une Université pour le gouvernement de Russie*, que lui avait demandé l'impératrice Catherine, il serait à désirer qu'on eût des catéchismes de morale et de politique, c'est-à-dire des livrets où les premières notions des lois du pays, des devoirs des citoyens, fussent consignées pour l'instruction et l'usage du peuple; et une espèce de catéchisme usuel, qui donnât une idée courte et claire des choses les plus communes de la vie civile, comme des poids et mesures, des différents états et professions, des usages que le dernier d'entre le peuple a intérêt de connaître.

Diderot pense qu'on devrait donner dans les écoles une idée de toutes les connaissances nécessaires à un citoyen, depuis la législation jusqu'aux arts mécaniques, « qui ont tant contribué aux avantages et aux agréments de la société ».

« Le spectacle de l'industrie humaine est, en lui-même, grand et satisfaisant ; il est bon de connaître les différents rapports par lesquels chacun contribue aux avantages de la société.

« Ces connaissances ont un attrait naturel pour les enfants dont la curiosité est la première qualité.

« D'ailleurs, il y a dans les arts mécaniques les plus communs un raisonnement si juste, si compliqué et cependant si lumineux, qu'on ne peut assez admirer la profondeur de la raison et du génie de l'homme. »

« Peut-on devenir homme de grand goût sans avoir fait connaissance étroite avec les anciens ?

Leur littérature n'a-t-elle pas une consistance, un attrait, une énergie qui feront toujours le charme des grandes têtes ? »

Oui, sans doute, et cependant Diderot pense qu'il faut réduire le temps consacré aux langues mortes; il remplace les vers latins par la traduction qu'il juge, avec raison, un exercice fort utile. Il dit qu'en général on donne trop d'importance à l'étude des mots et qu'il faut lui substituer l'étude des choses.

C'est en étudiant l'histoire naturelle que les élèves apprendront à se servir de leurs sens, art sans lequel ils ignoreront beaucoup de choses, et, ce qui est pis, ils en sauront mal beaucoup d'autres, art de bien employer les seuls moyens que nous ayons de connaître, art dont on pourrait faire d'excellents éléments, préliminaire de toute espèce d'enseignement.

« La Faculté de théologie s'occupe de controverse, fait des intolérants, des brouillons, et les sujets de l'État les plus inutiles, les plus intraitables et les plus dangereux. » Point de prêtres entre les maîtres; ils sont rivaux par état de la puissance séculière, et la morale de ces rigoristes est étroite et triste. Basses écoles.

Tous les griefs de l'aristocratie contre l'instruction primaire peuvent se réduire à celui-ci :

« Un paysan qui sait lire et écrire est plus malaisé à opprimer qu'un autre. » Le passage tout entier vaut la peine d'être cité.

« Dans les pays protestants, il n'y a point de village, quelque chétif qu'il soit, qui n'ait son maître d'école, et point de villageois, de quelque classe qu'il soit, qui ne fréquente l'école. La noblesse allemande dit que cela rend le paysan chicaneur et processif; les lettrés disent que cela est cause que tout cultivateur un peu à son aise, au lieu de laisser son fils à la charrue, veut en faire un savant. Peut-être le grief de la noblesse se réduit-il à dire qu'un paysan qui sait lire et écrire est plus malaisé à opprimer qu'un autre; quant au second grief, c'est au législateur à faire en sorte que la profession de cultivateur soit assez tranquille et estimée pour n'être pas abandonnée. »

Citons encore ces admirables « conseils d'un philosophe à une impératrice ».

Durant les années de laborieuse claustration à Oranienbaum, qui précédèrent son avènement au trône, Catherine II avait fait son bréviaire de l'*Esprit des Lois*.

« Celle qui a fait son bréviaire de l'*Esprit des Lois*, où le despote est comparé au sauvage qui coupe l'arbre pour en cueillir le fruit plus commodément, entendra patiemment ce que j'oserai lui dire.

« Tout gouvernement arbitraire est mauvais ; je n'en excepte pas le gouvernement arbitraire d'un maître bon, ferme, juste et éclairé.

« Ce maître accoutume à respecter et à chérir un maître, quel qu'il soit. Il enlève à la nation le droit de délibérer, de vouloir ou de ne pas vouloir, de s'opposer même au bien.

« Le droit d'opposition me semble, dans une société d'hommes, un droit naturel, inaliénable et sacré.

« Un despote, fût-il le meilleur des hommes, en gouvernant selon son bon plaisir, commet un forfait. C'est un bon pâtre qui réduit ses sujets à la condition d'animaux ; en leur faisant oublier le sentiment de la liberté, sentiment si difficile à recouvrer quand on l'a perdu, il leur procure un bonheur de dix ans qu'ils payeront de vingt siècles de misère.

« Un des plus grands malheurs qui pût arriver à une nation libre, ce serait deux ou trois règnes consécutifs d'un despotisme juste et éclairé. Trois souveraines de suite telles qu'Élisabeth, et les Anglais étaient conduits imperceptiblement à un esclavage dont on ne peut déterminer la durée.

« Malheur aux peuples dont le monarque transmettrait à ses enfants cette infaillible et redoutable politique !

« Malheur au peuple en qui il ne reste aucun ombrage, même mal fondé, sur la liberté !

« Cette nation tombe dans un sommeil doux, mais c'est un sommeil de mort.

« Dans la famille, dans l'empire, le bon père, le bon souverain est séparé d'un bon père, d'un bon souverain par une longue suite d'imbéciles ou de méchants ; c'est la malheureuse condition de toutes les familles et de tous les états héréditaires.

« On donne de la durée aux corps politiques par la multiplicité des affaires et par l'occupation.

« Le concours et l'opposition des volontés générales aux volontés particulières est l'avantage spécial de la démocratie sur toutes les autres espèces de gouvernement.

« Si le corps des représentants a tant de force politique, c'est qu'il n'y a point de milice nationale, pas même de maréchaussée ; ils ont si peur des rois que c'est l'unique voleur contre lequel ils soient en garde.

« Si dans les contestations du Parlement d'Angleterre et du souverain, on examinait sans partialité l'état de la question, on trouverait presque toujours que le monarque a tort, que le roi attaque la liberté du peuple et que le peuple la défend.

« Les empires malheureux ne sont pas ceux où l'autorité populaire va en s'accroissant, mais au contraire ceux où l'autorité souveraine devient illimitée.

« Que si l'on avait l'un de ces deux choix à faire, ou d'un souverain trop fort contre sa nation, ou d'une nation policée trop forte contre son souverain, le dernier de ces deux inconvénients serait le moindre.

« Que si l'on proposait à Sa Majesté Impériale de voir subitement la constitution de l'empire russe transformée dans la constitution anglaise, je doute fort qu'elle le refusât. Libre pour le bien qu'elle veut, liée pour le mal qu'elle ne veut pas, en effet qu'y perdrait-elle? Et quelle raison pourrait-elle avoir de souhaiter à ses successeurs une autorité dont ils seraient tentés d'abuser?

« Si les lois ne sont jamais rien, lorsque, confiées à un seul homme, elles subissent toutes les vicissitudes de ses passions et de ses caprices, les suites de cet inconvénient seraient beaucoup plus fâcheuses en Russie qu'ailleurs. Qui sait dans quel siècle la Russie sortirait jamais de la barbarie s'il arrivait qu'elle y retombât.

« L'avancement des enfants donnera toujours au souverain assez et trop d'autorité sur les pères qui formeront la commission législative.

« En créant cette commission permanente, l'impératrice forme un État, une classe de citoyens distingués.

« Cette classe s'incorpore à la longue avec la noblesse et le militaire.

Jalouse de conserver à ses descendants son illustration, cette classe instruira ses enfants, les fera étudier, voyager, et deviendra une nouvelle pépinière très féconde de citoyens doués de talents et de mœurs.

« De là, sans s'en apercevoir, l'empire aura les trois états que Sa Majesté ambitionne de créer, comme il est arrivé chez nous.

« Les grands progrès de la civilisation partiront de ce corps.

« Par sa nature, ce corps est fait pour étendre ses racines en tous sens, comme il est arrivé parmi nous avec de l'illustration, de la fortune et du temps.

« Occupés et répandus dans différents districts, ils ne seront jamais pauvres : s'ils s'enrichissent, ils deviendront le lien commun des conditions supérieures et des conditions inférieures ; une espèce d'amalgame qui s'unira également bien avec la noblesse pauvre et avec la riche bourgeoisie.

« Quand ce corps ne serait, avec le temps, qu'un grand fantôme de liberté, il n'en influera pas moins sur l'esprit national, car il faut qu'un peuple ou soit libre, ce qui est le mieux, ou qu'il croie l'être ; parce que cette opinion a toujours les effets les plus précieux.

« Que Votre Majesté Impériale crée donc ou cette grande réalité ou ce grand fantôme, qu'elle le fasse le plus beau, le plus distingué, le plus chamarré, le plus éclatant, le mieux composé, le plus honoré qu'elle pourra, et qu'elle se persuade bien qu'on peut gêner, mais qu'on ne peut jamais emmailloter l'enfant qui naît avec quatre cent mille bras.

« O Montesquieu ! que n'es-tu à ma place ? Comme tu parlerais ! Comme on te répondrait ! Comme tu écouterais ! Comme tu serais écouté !

« Nulle certitude de la durée des lois d'un empire, sans un corps particulier dépositaire de ces lois et leur conservateur.

« Le corps dépositaire et conservateur est le meilleur des moyens qu'on peut fortifier de l'instruction générale de l'esprit public.

« Si j'avais à civiliser des sauvages, je ferais des choses utiles en leur présence, sans leur rien ni dire, ni prescrire. J'aurais l'air de travailler pour ma seule famille et pour moi.

« Les hommes sont plus touchés des cérémonies extérieures qu'on ne pense.

« Les protestants, en anéantissant les cérémonies religieuses commémoratives, auront, avec le temps, anéanti la religion pour le peuple, à qui il faut des images et des spectacles.

« J'ai entendu dire à un peintre protestant qu'il ne mettait jamais le pied dans Saint-Pierre de Rome sans devenir catholique.

« Je désirerais donc que l'inauguration d'un député fût très solennelle; qu'elle fût accompagnée d'un serment sur la légitimité de sa nomination et sa fidélité à remplir ses devoirs; que ce serment fût fait avec dignité; qu'il se renouvelât d'année en année par le corps entier; que ce corps eût un vêtement distingué; enfin, que Votre Majesté Impériale imaginât tous les moyens possibles de le rendre respectable à la nation et important à ses propres yeux.

« Les hommes ne sont que de vieux enfants; et lorsque la procession de Saint-Sulpice passe sous mes fenêtres, je me retrouve enfant malgré moi.

« Les grandes masses d'hommes animées d'un même esprit me font toujours une profonde impression.

« L'homme et l'animal ne sont que des machines de chair ou sensibles.

« Je n'ai jamais vu ni lu d'aucun ministre qu'il ait eu le courage et l'honnêteté de suivre le projet commencé de son prédécesseur.

« Votre fils sort d'une vie instructive, utile et occupée. Il serait très facile et très dangereux qu'il se fît une vie oisive et dissipée. Les suites en seraient redoutables et pour son bonheur domestique et pour le bonheur de son empire futur.

« J'oserais proposer qu'il assistât aux séances des différents collèges d'administration où les affaires sont débattues. C'est là qu'il apprendrait, d'abord comme simple auditeur, à connaître le tour d'esprit et de caractère, la manière de penser, de sentir et de voir, les lumières et les talents de ceux qu'il jugerait à propos dans la suite d'appeler auprès de sa personne.

« Pendant cet intervalle, je dépêcherais dans les différentes contrées de l'empire un astronome, un géographe, un médecin, un naturaliste, un jurisconsulte, un militaire, avec ordre de s'instruire profondément chacun dans sa partie de ce qui la concerne. Voilà les compagnons de voyage que je lui préparerais et qui lui feraient observer sur les lieux les choses qu'ils auraient vues.

« Il n'entreprendrait lui-même cette grande tournée qu'après avoir bien lu et bien médité tout ce qu'il y a de mémoires manuscrits et imprimés sur l'empire.

« C'est alors qu'en parcourant les différentes contrées de l'Europe, il saisirait rapidement ce qu'elles auraient dans leurs mœurs, leurs usages, leurs lois, leurs sciences, leurs arts, d'applicable au bien de sa nation.

« Cette seconde tournée serait préparée, comme la première, par les lectures préliminaires et l'instruction propre et personnelle des compagnons de voyage.

« Les deux endroits de l'Europe où je l'arrêterais davantage seraient l'Angleterre et l'Italie : l'Angleterre pour la sagesse et la liberté, l'Italie pour le goût.

« Le voyage de l'Angleterre suppose des notions de politique; celui de Hollande, des notions de commerce; celui de France, des notions d'arts, de sciences, de littérature, d'agriculture et de goût; celui d'Italie, des notions de beaux-arts.

« Je désirererais qu'un grand seigneur, un prince eût les notions élémentaires de l'architecture, de la sculpture et de la peinture, mais surtout de l'architecture; on cache un mauvais tableau, on casse une mauvaise statue, mais il n'en est pas de même de la façade d'un palais, et l'on ne bâtit pas des palais tous les jours.

« Par qui les révolutions sont-elles tentées? Par ceux qui n'ont rien à perdre au changement de l'ordre des choses; par ceux qui ne peuvent qu'y gagner.

« Que sont ces hommes? Des hommes puissants dans la nation par leur poste et malaisés par le dérangement de leur fortune.

« Quel parti prendre avec eux? Il y en deux : le premier, de les enrichir; c'est le plus sûr, mais ce n'est pas le plus courageux; le second, de les lier par des fonctions honorables qui les éloignent.

« Il m'a semblé que la personnalité, qualité sauvage, entrait un peu dans le caractère russe.

« Le sauvage n'est ni père, ni époux, ni frère Il est lui, il est l'enfant de la nature.

« Il m'a semblé que les liens de la famille étaient encore faibles et qu'en général on avait peu de souci des siens après soi. C'est une des plus fâcheuses et des plus constantes causes des révolutions. Les pères se ruinent; ils ne laissent rien à leurs enfants qu'un nom et des prétentions; un nom impossible à soutenir parce qu'on est pauvre, des prétentions difficiles à soutenir parce que le souverain n'y a pas toujours égard. Si l'âme est bouillante et forte, quel dessein conçoit-elle? Un dessein violent qui détruise l'autorité subsistante, bonne ou mauvaise, et nous rende agréable à l'autorité qu'on aura élevée au péril de sa vie.

« Quand on ne peut devoir tout cela à la bienfaisance de celui qui règne, on cherche à se recommander à la reconnaissance de celui qui régnera.

« Il est donc important d'empêcher la ruine des grandes familles. Leur misère est plus dangereuse que leur opulence. La misère irrite, l'opulence endort. La misère est audacieuse, l'opulence est pusillanime.

« Point de seigneur pauvre et considéré, surtout proche de soi. L'une de ces deux choses, je le répète, les enrichir ou les éloigner.

« Quel moyen d'empêcher les grandes familles de se ruiner? Le dégoût du faste dans le souverain, l'exemple de l'économie, l'éloge des vertus domestiques, la faveur accordée aux bons pères, l'approche de sa personne, dont ils sont le rempart, la bonne éducation des enfants, le mépris des superfluités nationales et étrangères, des secours donnés aux pères malheureux, etc. Tous les moyens qu'un homme peut avoir d'encourager la vertu et de décrier un vice : la table, l'oisiveté, le jeu.

« Mais partout empêcher les grandes familles de se déguenniller.

« J'y ai un peu rêvé. Il me semble que c'est une cruelle chose que de flotter éternellement entre la faiblesse et l'ingratitude. Si vous refusez la moindre grâce à celui à qui vous devez tant, qui a exposé sa vie pour vous placer où vous êtes, vous êtes un ingrat.

« Si vous accordez, vous êtes faible; vous irritez toute une nation envieuse; vous vous suscitez à vous-même et à vos amis des haines dont on ne peut deviner les suites ni pour eux ni pour vous. »

CHAPITRE V

SA CORRESPONDANCE

Il faut citer parmi ses amis tous les noms illustres du dix-huitième siècle et particulièrement Rousseau, Voltaire, d'Alembert, Raynal, Helvétius, Condillac, Mably, Marmontel, Morellet, Grimm, Naigeon, à qui il confia ses papiers lors de son voyage en Russie, le baron d'Holbach, chez qui Diderot aimait à vivre, soit au Grandval[1], soit à Paris.

Dans ses lettres à Mlle Voland, Diderot décrit à plusieurs reprises cette vie libre et charmante du Grandval, agréablement occupée par le travail solitaire et la libre méditation du matin, les entretiens du jour, les promenades du soir, la large hospitalité du maître de la maison, et

(1) C'est là, dit l'abbé Morellet, que Diderot, que le docteur Roux et le baron lui-même, établissaient l'athéisme avec une tranquillité, une bonne foi et une probité édifiantes.

le concours varié et choisi des visiteurs. Diderot se promenait avec le baron à travers les bois et les champs, causant en chemin de littérature, de physique ou de morale; le coucher du soleil les ramenait à la maison où les mêmes entretiens se ranimaient autour de la table et au coin du feu.

Diderot revoyait aussi quelquefois, le matin, les livres anonymes du baron et y glissait bien des pages.

C'est en 1759 que Diderot se lia, d'une étroite amitié, avec Mlle Volland. Pendant quinze ans, dès qu'ils sont éloignés l'un de l'autre, il lui écrit deux ou trois fois par semaine de longues lettres dans lesquelles il lui raconte les moindres incidents de sa vie. « Avec vous, je sens, j'aime, j'écoute, je regarde. » A son retour de Russie, après une liaison de vingt ans, il lui écrit avec la même chaleur d'âme qu'aux premiers jours. « Je reparaîtrai bientôt sur votre horizon, et pour ne plus le quitter. »

Son affection était si grande et si sincère qu'il aurait voulu passer toute sa vie auprès d'elle. Il écrivait à Falconet qu'il pourrait voir sa liberté menacée, sa vie compromise, toutes sortes de malheurs sans être ému, pourvu qu'elle lui restât.

« Je ne lui ai jamais causé la moindre peine et j'aimerais mieux mourir que de lui faire verser une larme. J'en suis si chéri, et la chaîne qui nous enlace est si étroitement commise avec le fil délié de sa vie, que je ne conçois pas qu'on puisse secouer l'un sans risquer de rompre l'autre. »

Nous avons peu de renseignements sur Mlle Volland.

Elle était fille d'un « préposé pour le fourniment des sels », née dans un hameau à trois lieues de Vitry-le-François; à Paris, elle demeurait rue des Vieux-Augustins, non loin de Grimm; elle était instruite et lisait Helvétius et Montaigne.

Mlle Volland vivait avec sa mère et sa sœur; elle paraît avoir été une personne intelligente et spirituelle, digne de l'attachement qu'elle inspira pendant plus de vingt ans et qui dura jusqu'à sa mort.

Morte le 22 février 1784, cinq mois avant Diderot, elle lui légua, par son testament daté de juin 1772, sept volumes des *Essais* de Montaigne et une bague qu'elle appelait sa Pauline.

Les lettres de Diderot à Mlle Volland ont été retrouvées en Russie. Cette correspondance va du mois de mai 1759 au mois de septembre 1774. De tous les écrits de Diderot, c'est, au goût de F. Génin, le plus amusant, le plus intéressant.

Ce sont, dit-il, les mémoires les plus piquants sur le dix-huitième siècle. L'intérieur de la famille d'Holbach y est peint à ravir.

Cette correspondance, qu'on a justement appelée *ses Mémoires*, nous le fait mieux comprendre, mieux connaître et, par conséquent, mieux aimer. Il s'y peint tout entier, avec tous ses sentiments, toutes ses pensées, toutes les habitudes de sa vie. En le lisant avec attention, nous pénétrons, comme un contemporain, dans son intimité et nous conservons de lui un souvenir exact et cher, comme si, vivant, nous l'avions pratiqué. C'est un plaisir de l'entendre librement discourir sur tout ce qu'il voit et ce qu'il sent, avec abandon, naïveté, complaisance et quelquefois, si le caprice lui vient, avec art et curiosité. Il y a de tout dans ces lettres sincères; la vie et le sentiment de la réalité y respirent. Il y a des portraits à la manière de Greuze, des paysages civilisés et galants dans le ton de Watteau, d'autres paysages frais, verdoyants, touffus qu'on croirait du Poussin; une intelligence poétique et symbolique de la nature, une conversation animée sur tous les tons, l'existence sociale du dix-huitième siècle dans toute sa délicatesse et sa liberté; des entretiens d'art, de poésie, de philosophie et d'amour; la grandeur et la vanité de la gloire, le cœur humain et ses abîmes, les nations diverses et leurs mœurs, la nature et ce que peut être Dieu, l'espace et le temps, la mort et la vie; puis des souvenirs bourgeois de la maison paternelle, de la famille, du coin du feu de province : voilà ce qu'on rencontre à chaque ligne, dit Sainte-Beuve, dans ces lettres délicieuses, véritable trésor retrouvé.

Citons-en quelques extraits pour justifier nos éloges :

« Faisons en sorte, mon amie, que notre vie soit sans mensonge; plus je vous estimerai, plus vous me serez chère; plus je vous montrerai de vertus, plus vous m'aimerez. Il y a quatre ans que vous me parûtes belle et je vous ai élevé dans mon cœur une statue que je ne voudrais jamais briser.

« Je disais autrefois à une femme que j'aimais et en qui je découvrais des défauts (Mme de Puisieux) : « Madame, prenez-y garde ; vous vous « défigurez dans mon cœur : il y a là une image « à laquelle vous ne ressemblez plus. »

Diderot fait à Mlle Voland le récit des conversations intéressantes qu'il a eues avec ses amis :

« Je lui dis là-dessus bien des choses dont je ne me souviens plus, si ce n'est que les hommes ont une étrange opinion de la vertu ; ils croient qu'elle est à leur disposition et qu'on devient honnête homme du soir au lendemain ; mais on ne quitte pas une habitude vicieuse du soir au lendemain ; c'est pis que la robe du centaure Nessus ; on ne l'arrache pas sans cris; on a plutôt fait de rester comme on est.

« Ne faisons pas de mal, aimons-nous pour nous rendre meilleurs ; soyons-nous, comme nous l'avons été, censeurs fidèles l'un à l'autre. Rendez-moi digne de vous, inspirez-moi cette candeur, cette franchise, cette douceur qui vous sont naturelles. »

Diderot raconte à Mlle Voland une promenade qu'il a faite aux environs du Grandval, depuis trois heures et demie jusqu'à six, avec le père Hoop, le 11 octobre 1760.

« Pour devenir quelque chose dans la suite, il faut se résoudre à n'être rien d'abord... Après l'étude, ce qui a plu davantage à M. Hoop, ce sont les voyages ; il voyagerait encore à l'âge qu'il a. Pour moi, je n'approuve qu'on s'éloigne de son pays que depuis dix-huit ans jusqu'à vingt-cinq. Il faut qu'un jeune homme voie par lui-même qu'il y a partout du courage, des talents, de la sagesse et de l'industrie, afin qu'il ne conserve pas le préjugé que tout est mal ailleurs que dans sa patrie ; passé ce temps, il faut être à sa femme, à ses enfants, à ses concitoyens, à ses amis, aux objets des plus doux liens. Or, ces liens supposent une vie sédentaire. Un homme qui passerait sa vie en voyage ressemblerait à celui s'occuperait du matin au soir à descendre du grenier à la cave et à remonter de la cave au grenier, examinant tout ce qui embellit ses appartements et ne s'asseyant pas un moment à côté de ceux qui les habitent avec lui.

« Volà en gros notre promenade, si vous en exceptez une anecdote polissonne qui s'est glissée, je ne sais comment, tout à travers de choses assez sérieuses. »

« Je fis hier un dîner fort singulier ; je passai presque toute la journée avec deux moines qui n'étaient rien moins que bigots. L'un d'eux me lut un cahier d'un traité d'athéisme très frais et très vigoureux, plein d'idées neuves et hardies ; j'appris avec édification que cette doctrine était la doctrine courante de leurs corridors. Au reste, ces deux moines étaient les gros bonnets de leur maison ; ils avaient de l'esprit, de la gaieté, de l'honnêteté, des connaissances. Quelles que soient nos opinions, on a toujours des mœurs quand on passe les trois quarts de sa vie à étudier, et je gage que ces moines athées sont les plus réguliers de leur ordre. Ce qui m'amusa beaucoup, ce furent les efforts de notre apôtre du matérialisme pour trouver dans l'ordre éternel de la nature une sanction aux lois; mais ce qui vous amusera davantage, c'est la bonhomie avec laquelle cet apôtre prétendait que son système, qui attaquait tout ce qu'il y a au monde de plus vénéré, était innocent et ne l'exposait à aucune suite désagréable, tandis qu'il n'y avait pas une phrase qui ne lui valût un fagot. »

Un jour, son ami Damilaville le fait encore dîner avec un moine. On parla de l'amour paternel. Diderot dit que c'était une des plus puissantes affections de l'homme : « Il n'y a que ceux qui ont été pères qui sachent ce que c'est; c'est un secret heureusement ignoré, même des enfants... Les premières années que je passai à Paris avaient été fort peu réglées; ma conduite suffisait de reste pour irriter mon père, sans qu'il fût besoin de la lui exagérer; cependant la calomnie n'y avait pas manqué. On lui avait dit... que ne lui avait-on pas dit? L'occasion d'aller le voir se présenta. Je ne balançai point. Je partis plein de confiance dans sa bonté. Je pensais qu'il me verrait, que je me jetterais dans ses bras, que nous pleurerions tous les deux et que tout serait oublié. Je pensais juste. » Là, je m'arrêtai et je demandai à mon religieux s'il savait combien il y avait d'ici chez moi : « Soixante lieues, mon père ; et s'il y en avait eu cent, croyez-vous que j'aurais trouvé mon père moins indulgent et moins tendre ? — Au contraire. — Et s'il y en avait eu mille ? — Ah ! comment maltraiter un enfant qui revient de si loin ? — Et s'il avait été dans la Lune, dans Jupiter, dans Saturne ?... » En disant ces derniers mots, j'avais les yeux tournés au ciel, et mon religieux, les yeux baissés, méditait sur mon apologue. »

Sur l'éducation de sa fille : « Je suis fou à lier de ma fille : elle me dit que sa mère prie Dieu et que moi je fais le bien ; que ma façon de penser ressemble à mes brodequins, que je ne mets pas pour le monde, mais pour avoir les pieds chauds. »

« Nos promenades, la petite et moi, vont toujours leur train. Je me proposai dans la dernière de lui faire concevoir qu'il n'y avait aucune vertu qui n'eût deux récompenses, le plaisir de bien faire et celui d'obtenir la bienveillance des autres ; aucun vice qui n'eût deux châtiments, l'un au fond de notre cœur, l'autre dans le sentiment d'aversion que nous ne manquons jamais d'inspirer aux autres. Le texte n'était pas stérile ; nous parcourûmes la plupart des vertus ; ensuite je lui montrai l'envieux avec son teint pâle et son visage creux et maigre, l'intempérant avec son estomac délabré et ses jambes goutteuses ; le luxurieux avec sa poitrine asthmatique et les restes de plusieurs maladies qu'on ne guérit point, ou qu'on ne guérit qu'au détriment du reste de la machine. Cela va fort bien : nous n'aurons guère de préjugés, mais nous aurons de la discrétion, des mœurs et des principes communs à tous les siècles et à toutes les nations. »

Diderot, comme Vauvenargues, aime les passions nobles et fortes : « Tout ce que la passion inspire, je le pardonne. Il n'y a que les conséquences qui me choquent. J'ai, de tout temps, été l'apologiste des passions fortes ; elles seules m'émeuvent ; qu'elles m'inspirent de l'admiration ou de l'effroi, je suis fort. Si les actions atroces qui déshonorent notre nature sont commises par elles, c'est par elles aussi qu'on est porté aux tentatives merveilleuses qui la relèvent [1] ».

« Tout ce qui porte un caractère de grandeur,

---

(1) Il existe, sur le même sujet, une conversation de Diderot qu'on peut lire dans les *Mémoires de Condorcet*, t. Ier, p. 154.

de fermeté, de vertu et d'honnêteté me touche, me transporte et tout ce qui blesse l'esprit humain me blesse. »

Après avoir parlé du dôme de Saint-Pierre, dont la solidité élégante et la force imposante font la beauté, Diderot exprime cette pensée générale sur l'architecture et sur les arts : « La solidité, ou plus généralement la bonté, est la raison continuelle de notre approbation ; cette bonté peut être dans un ouvrage et ne pas paraître, alors l'ouvrage est bon et il n'est pas beau ; elle y peut paraître et ne pas y être, alors l'ouvrage n'a qu'une beauté apparente, mais si la bonté y est en effet et qu'elle y paraisse, alors il est vraiment beau et bon. Un morceau d'architecture est beau lorsqu'il a de la solidité et qu'on le voit, qu'il a la convenance requise avec la destination et qu'elle se remarque ; la solidité est dans ce genre ce qu'est la santé dans le règne animal. »

Sur la fortune, le bonheur social et le mérite personnel : « Je pense que, pour un homme qui n'aurait ni femme, ni enfants, ni aucun de ces attachements qui font désirer la richesse et qui ne laissent jamais de superflu, il serait presque indifférent d'être riche ou pauvre. Si je suis sain d'esprit et de corps, si j'ai l'âme honnête et la conscience pure, si je sais distinguer le vrai du faux ; si j'évite le mal et fais le bien ; si je sens la dignité de mon être, si rien ne me dégrade à mes propres yeux, on peut m'appeler *milord* ou *sirrah* ; connaître le vrai, faire le bien, voilà qui distingue un homme d'un autre : le reste n'est rien. La durée de la vie est si courte, ses vrais besoins sont si étroits, et quand on s'en va, il importe si peu d'avoir été quelqu'un ou personne ! Il ne faut à la fin qu'un morceau de toile et quatre planches de sapin. Cette façon de penser tient à l'égalité que j'établis entre les conditions, et au peu de différence que je mets, quant au bonheur, entre le maître de la maison et son portier. »

Sur la conversation et les bizarres associations d'idées qui la composent.

« C'est une chose singulière que la conversation, surtout lorsque la compagnie est un peu nombreuse. Voyez les circuits que nous avons faits ; les rêves d'un malade en délire ne sont pas plus hétéroclites. Cependant comme il n'y a rien de décousu ni dans la tête d'un homme qui rêve, ni dans celle d'un fou, tout se tient aussi dans la conversation ; mais il serait quelquefois bien difficile de retrouver les chaînons imperceptibles qui ont attiré tant d'idées disparates. Un homme jette un mot qu'il a détaché de ce qui a précédé et suivi dans sa tête ; un autre en fait autant et puis attrape qui pourra. Une seule qualité physique peut conduire l'esprit qui s'en occupe à une infinité de choses diverses. Prenons une couleur, le jaune, par exemple : l'or est jaune, la soie est jaune, le souci est jaune, la bile est jaune, la lumière est jaune, la paille est jaune ; à combien d'autres fils ce fil ne répond-il pas? La folie, le rêve, le décousu de la conversation consiste à passer d'un objet à un autre par l'entremise d'une qualité commune. Le fou ne s'aperçoit pas qu'il en change. Il tient un brin de paille jaune et luisante à la main, et il crie qu'il a saisi un rayon du soleil. Combien d'hommes qui ressemblent à ce fou sans s'en douter ! et moi-même, peut-être, en ce moment. »

Il est au Grandval, chez le baron, et voici comment il passe le temps :

On m'a installé dans un petit appartement séparé, bien tranquille, bien gai et bien chaud. C'est là que, entre Horace et Homère, et le portrait de mon amie, je passe des heures à lire, à méditer, à écrire et à soupirer. C'est mon occupation depuis six heures du matin jusqu'à une heure. A une heure et demie je suis habillé et je descends dans le salon où je trouve tout le monde rassemblé. J'ai quelquefois la visite du baron; il en use à merveille avec moi; s'il me voit occupé, il me salue de la main et s'en va; s'il me trouve désœuvré, il s'assied et nous causons. La maîtresse de la maison ne rend point de devoirs, et n'en exige aucun : on est chez soi et non chez elle.

... Nous dînons bien, et longtemps. La table est servie ici comme à la ville, et peut-être plus somptueusement encore. Il est impossible d'être sobre, et il est impossible de n'être pas sobre et de se bien porter. Après dîner les dames courent; le baron s'assoupit sur un canapé; et moi, je deviens ce qu'il me plaît. Entre trois et quatre, nous prenons nos bâtons et nous allons promener, les femmes de leur côté, le baron et moi du nôtre; nous faisons des tournées très étendues. Rien ne nous arrête, ni les coteaux, ni les bois, ni les fondrières, ni les terres labourées. Le spectacle de la nature nous plaît à tous deux. Chemin faisant, nous parlons ou d'histoire, ou de politique, ou de chimie, ou de littérature, ou de physique, ou de morale. Le coucher du soleil et la fraîcheur de la soirée nous rapprochent de la maison, où nous n'arrivons guère avant sept heures.

Les femmes sont rentrées et déshabillées. Il y a des lumières et des cartes sur une table. Nous nous reposons un moment, ensuite nous commençons un piquet. Le baron nous fait la chouette. Il est maladroit, mais il est heureux. Ordinairement le souper interrompt notre jeu. Nous soupons. Au sortir de table nous achevons notre partie; il est dix heures et demie; nous causons jusqu'à onze; à onze heures et demie nous sommes tous endormis ou nous devons l'être. Le lendemain nous recommençons. Voilà notre vie.

De Paris, il écrit à Mlle Volland, le 4 octobre 1767 : Me voilà donc revenu du Grandval, bien malgré le baron, la baronne, les petits garçons, les petites filles, Mme d'Aine et les domestiques.

Je les abandonne tous. Je cours, j'écris de droite, de gauche pour leur envoyer quelqu'un qui les secoure. Mais l'abbé aime la ville où il est perpétuellement en spectacle: le docteur Gatti est l'ombre de Mme de Choiseul; d'Alinville marque des loges à Fontainebleau; Grimm s'ennuie par bienséance à La Briche; quand l'abbé Morillet n'est pas à Voré, il est sur le chemin : la belle dame Helvétius le fait trotter comme un Basque; notre Orphée est à l'Isle Adam, Suard est à tant de femmes qu'il ne songe plus guère à M°"° de ***. J'ai prêché inutilement M. Le Romain, qu'on aurait grand plaisir à avoir, mais que sa mélancolie retient dans l'obscurité de sa cahute, où il aime mieux broyer du noir dont il puisse barbouiller toute la nature, que d'aller jouir de ses charmes à la campagne. On débaucherait aisément le gros Bergier, mais on ne s'en soucie pas, parce qu'il est triste, muet, dormeur et d'un commerce suspect. Damilaville a toujours le prétexte de ses affaires qu'il ne fait point. Naigeon mourrait d'ennui, s'il n'allait pas assidûment chez les Vanloo, où il est sûr de trouver M°"° Blondel qu'il n'aime point et dont il parle toujours, et s'il n'avait pas fait sa tournée au Palais-Royal à l'heure précise où elle s'y promène. L'abbé Raynal est fort mal à son aise partout où il ne pérore pas colonies, politique et commerce. M. de Saint-Lambert est arrivé à Montmorency. Mon fils d'Aine court à toutes jambes après l'intendance d'Auch qu'il dédaigne, comme le renard les raisins verts. Le baron de Glischen aimerait mieux être au fond des fouilles d'Herculanum que dans les plus beaux jardins du monde. L'ami Le Roy vit pour lui, et ne va jamais dans aucun endroit qu'il n'espère s'y amuser plus qu'ailleurs, et puis voici le temps de la chasse qu'il aime de passion. M. Croismare a trop besoin de variété pour s'asseoir plus d'un jour ; celui-ci n'a jamais mis son bonnet de nuit dans sa poche, et perdu de vue le quai de la Ferraille, les bouquinistes et les brocanteurs, sans le motif le plus important et le plus honnête. Nous aurions bien des femmes, mais nous n'en voulons point, parce qu'il est trop rare que ce soient des hommes. Le docteur Roux cherche des malades. Le Dr Gem court toujours après son cheval. Le D^r d'Arcet est peut-être enfermé sous clef par le comte de Lauraguais, jusqu'à ce qu'il ait fait une découverte. Le comte de Creultz est en extase devant ses tableaux ou devant la femme du peintre, qui est jolie et plus galante encore. Helvétius, la tête enfoncée dans son bonnet, décompose des phrases, et s'occupe, à sa terre, à prouver que son valet de chiens aurait tout aussi bien fait le livre *De l'Esprit* que lui. Wilkes n'est plus en faveur, parce qu'incessamment il sera ruiné, et que sans nous en apercevoir nous prenons les devants avec le malheur, et que nous rompons avant qu'il soit arrivé, parce qu'il serait malhonnête de rompre après. Le chevalier de Chastellux est cloué quelque part ; et quand on est jeune, ce clou-là tient bien fort. La baronne dit que l'abbé Coyes est du miel de Narbonne tourné, qu'il ne faut pas le lui envoyer. Il y a près de soixante ans que le chevalier de Valory fait le rôle du chien de Jean de Nivelle. Voilà presque toute la société...

« Les libertins sont bien venus dans le monde, parce qu'ils sont inadvertants, gais, plaisants, dissipateurs, doux, complaisants, amis de tous les plaisirs; c'est qu'il est impossible qu'un homme se ruine sans en enrichir d'autres; c'est que nous aimons mieux des vices qui nous servent en nous amusant, que des vertus qui nous rabaissent en nous chagrinant; c'est qu'ils sont remplis d'indulgence pour leur défauts, entre lesquels il y en a aussi que nous avons; c'est qu'ils ajoutent sans cesse à notre estime par le mépris que nous faisons d'eux; c'est qu'ils nous mettent à notre aise; c'est qu'ils nous consolent de notre vertu par le spectacle amusant du vice; c'est qu'ils nous entretiennent de ce que nous n'osons ni parler ni faire; c'est que nous sommes toujours vicieux; c'est qu'ordinairement les libertins sont plus aimables que les autres, qu'ils ont plus d'esprit, plus de connaissance des hommes et du cœur humain; les femmes les aiment, parce qu'elles sont libertines. Je ne suis pas bien sûr que les femmes se déplaisent sincèrement avec ceux qui les font rougir. Il n'y a peut-être pas une honnête femme qui n'ait eu quelques moments où elle n'aurait pas été fâchée qu'on la brusquât, surtout après sa toilette. Que lui fallait-il alors? Un libertin. En un mot, un libertin tient la place du libertinage qu'on s'interdit; et puis ils sont si communs que, s'il fallait les bannir de la société, les dix-neuf vingtièmes des hommes et des femmes en seraient réduits à vivre seuls. On les reçoit, parce qu'on ne veut pas trouver les portes fermées. On est, on a été, et peut-être un jour sera-t-on libertin. Que cela soit ou non, on a été tenté de l'être. A tout hasard, une femme est bien aise de savoir que, si elle se résout, il y a un homme tout prêt qui ménagera sa vanité, son amour-propre, sa vertu prétendue, et qui se chargera de toutes les avances. C'est trop peu de la violence même qu'on souhaite pour excuse. Presque tous les libertins sont galants, orduriers, *et cætera.* »

On fait honneur à Rousseau d'avoir le premier compris et senti la nature, et l'on a raison; mais Diderot, sans emphase, la goûtait aussi. Écoutez-le parler de Langres :

Nous avons ici une promenade charmante; c'est une grande allée d'arbres touffus qui conduit à un bosquet d'arbres rassemblés sans symétrie et sans ordre. On y trouve le frais et la solitude. On descend par un escalier rustique à une fontaine qui sort d'une roche. Ses eaux, reçues dans une coupe, coulent de là, et vont former un premier bassin; elles coulent encore et vont en remplir un second; ensuite, reçues dans des canaux, elles se rendent à un troisième bassin, au milieu duquel elles s'élèvent en jet. La coupe et ces trois bassins sont placés les uns au-dessous des autres, en pente, sur une assez longue distance. Le dernier est environné de vieux tilleuls. Ils sont maintenant en fleurs; entre chaque tilleul on a construit des bancs de pierre : c'est là que je suis à cinq heures. Mes yeux errent sur le plus beau paysage du monde. C'est une chaîne de montagnes entrecoupées de jardins et de maisons au bas desquelles serpente un ruisseau qui arrose des prés et qui, grossi des eaux de la fontaine et de quelques autres, va se perdre dans la plaine. Je passe dans cet endroit des heures à lire, à méditer, à contempler la nature et à rêver à mon amie. Oh! qu'on serait bien trois sur ce banc de pierre! C'est le rendez-vous des amants du canton et le mien. Ils y vont le soir, lorsque la fin de la journée est venue suspendre leurs travaux et les rendre les uns aux autres. La journée a dû leur paraître bien longue, et la soirée doit leur paraître bien courte.

« Les habitants de ce pays ont beaucoup d'esprit, trop de vivacité, une inconstance de girouette; cela vient, je crois, des vicissitudes de leur atmosphère qui passe en vingt-quatre heures du froid au chaud, du calme à l'orage, du serein au pluvieux.

« Il est impossible que ces effets ne se fassent sentir sur eux, et que leurs âmes soient quelque temps de suite dans une même assiette. Elles s'accoutument ainsi, dès la plus tendre enfance, à tourner à tout vent. La tête d'un Langrois est sur ses épaules comme un coq d'église au haut d'un clocher; elle n'est jamais fixe dans un point; et si elle revient à celui qu'elle a quitté, ce n'est pas pour s'y arrêter. Avec une rapidité surprenante dans les mouvements, dans les désirs, dans les projets, dans les fantaisies, dans les idées, ils ont le parler lent. Pour moi, je suis de mon pays; seulement le séjour de la capitale et l'application assidue m'ont un peu corrigé. Je suis constant dans mes goûts; ce qui m'a plu une fois me plaît toujours, parce que mon choix est toujours motivé : que je haïsse ou que j'aime, je sais pourquoi. Il est vrai que je suis porté naturellement à négliger les défauts et à m'enthousiasmer des qualités. Je suis plus affecté des charmes de la vertu que de la difformité du vice; je me détourne doucement des méchants, et je vole au-devant des bons. S'il y a dans un ouvrage, dans un caractère, dans un tableau, dans une statue, un bel endroit, c'est là que mes yeux s'arrêtent; je ne vois que cela; je ne me souviens que de cela; le reste est presque oublié. Que deviens-je lorsque tout est beau?

« Devinez la visite qui nous vient? — C'est M. Le Roy. Si vous savez combien je l'aime, vous saurez aussi combien il m'a été doux de le voir. Il y avait près de trois mois que j'en avais besoin. Il avait passé tout ce temps à jouir d'une petite retraite qu'il s'est faite dans la forêt. Cette retraite s'appelle les Loges.

« Malheur aux paysannes innocentes et jeunes qui s'amuseront aux environs des Loges! Paysannes innocentes et jeunes, fuyez les Loges! C'est là que le satyre habite. Malheur à celle que le satyre aura rencontrée auprès de sa demeure! C'est en vain qu'elle tendra ses mains au ciel, et qu'elle appellera sa mère; le ciel ni sa mère ne l'entendront plus; ses cris seront perdus dans la forêt, personne ne viendra qui la délivre du satyre; et quand le satyre l'aura surprise une fois aux environs de sa demeure, elle y retournera pour être surprise encore.

« Si le hasard conduit encore les pas du satyre vers elle, elle s'enfuira comme auparavant, mais plus lentement, et peut-être retournera-t-elle la tête en fuyant; et quand le satyre l'atteindra, elle ne l'égratignera plus; elle dira qu'elle va crier, mais elle ne criera plus; elle n'appellera plus sa mère. Mais le satyre ne la cherchera pas longtemps; car il est plus inconstant encore que libertin. Le bélier qui paît l'herbe qui croît autour de sa cabane n'est pas plus libertin; le vent qui agite la feuille du lierre qui la tapisse est moins changeant. Celles qu'il ne recherchera plus et qui se seront amusées inutilement autour de sa cabane, et il y en aura beaucoup, s'en retourneront tristes et chagrines en disant au dedans d'elles-mêmes : « O méchant satyre! ô satyre inconstant! si je l'avais su! » Et leurs compagnes qui verront leur tristesse, leur en demanderont la cause; et elles ne la diront pas : et les autres bergères innocentes et jeunes continueront de s'amuser autour de la cabane du satyre et lui de les surprendre, de les surprendre encore une fois, de ne les surprendre plus et elles de se taire.

Voilà, mon ami, ce qu'on appelle une idylle que je vous fais, tandis que le satyre, l'oreille dressée, se réjouit à dire des contes à nos femmes. »

Çà et là des pensées charmantes délicatement senties et merveilleusement exprimées : « Les âmes sensibles s'entendent presque sans parler. Un mot échappé, une distraction, une réflexion vague et décousue, un regret éloigné, une expression détournée, le ton de la voix, la démarche, le regard, l'attention, le silence, tout les décèle l'une à l'autre. »

« L'effet de notre tristesse sur les autres est bien singulier. N'avez-vous pas remarqué quelquefois à la campagne le silence subit des oiseaux, s'il arrive que dans un temps serein un nuage vienne à s'arrêter sur un endroit qu'ils faisaient retentir de leur ramage ? Un habit de deuil dans la société, c'est le nuage qui cause en passant le silence momentané des oiseaux. Il passe, et le chant recommence... »

Pourquoi la louange embarrasse-t-elle ? C'est qu'il est contre la justice qu'on se doit de la refuser, puisqu'on la mérite, et contre la modestie qu'on exige, de l'accepter, puisque alors ce serait se réunir aux autres pour se préconiser. On est décontenancé, comme il faut toujours qu'on le soit, lorsqu'il faut répondre, et qu'on ne saurait dire ni oui ni non.

Il est plus facile de souffrir une grande peine que de souffrir toute sa vie de petites mortifications qui se succèdent sans fin.

« Vous souvenez-vous d'un trait que je vous ai raconté d'un de mes amis? Il aimait depuis longtemps; il croyait avoir mérité quelque récompense, et la sollicitait, comme elle doit l'être, vivement. On le refusait sans en apporter de raisons... Il s'avisa de dire : « C'est que vous « ne m'aimez pas... » Cette femme aimait éperduement. — « C'est que je ne vous aime pas ! « répondit-elle en fondant en larmes. Levez-vous « (il était à ses genoux), donnez-moi la main. » Il se lève, il lui donne la main, elle le conduit vers un canapé, elle s'assied, se couvre les yeux de ses mains sous lesquelles les larmes coulaient toujours, et lui dit : « Eh bien! monsieur, « soyez heureux. » Vous vous doutez bien qu'il ne le fut pas. Non ce jour-là; mais un autre qu'il était à côté d'elle, qu'il la regardait avec des yeux remplis d'amour et de tendresse, et qu'il ne lui demandait rien, elle jeta ses deux bras autour de son cou, sa bouche alla doucement se coller sur la sienne, et il fut heureux. »

Qu'est-ce que la sensibilité? L'effet vif sur

notre âme d'une infinité d'observations délicates que nous rapprochons.

Cette qualité, dont la nature nous donne le germe, s'étouffe ou se vivifie donc par l'âge, l'expérience, la réflexion.

« Le portrait de Mme d'Épinay est achevé ; elle est représentée la poitrine à demi nue ; quelques boucles éparses sur sa gorge et sur ses épaules ; les autres retenues avec un cordon bleu qui serre son front ; la bouche entr'ouverte ; elle respire, et ses yeux sont chargés de langueur. C'est l'image de la tendresse et de la volupté...

« C'est à vous, chère amie, que je rapporte mes actions les plus indifférentes ; si j'entends quelque chose qui me plaise, il me semble que ce soit pour vous en faire part que ma mémoire veut bien s'en charger.

« Je me suis demandé plusieurs fois pourquoi, avec un caractère doux et facile, de l'indulgence, de la gaieté et des connaissances, j'étais si peu fait pour la société. C'est qu'il est impossible que j'y sois comme avec mes amis, et que je ne sais pas cette langue froide et vide de sens qu'on parle aux indifférents ; j'y suis silencieux ou indiscret. »

« Je persiste, mon amie ; je n'ai pas un liard de cette monnaie-là. Je sais dire tout, excepté bonjour. J'en serai toute ma vie à l'a b c de tous ces propos que l'on porte de maison en maison, et qu'on entend dans tous les quartiers, à la même heure. »

La *Correspondance* de Diderot est un trésor d'idées si riche qu'on voudrait toujours citer. Voici, pour terminer, des extraits d'une lettre remarquable de Diderot à son frère (29 décembre 1760), *sur la tolérance* : « L'esprit ne peut acquiescer qu'à ce qui lui paraît vrai; le cœur ne peut aimer que ce qui lui semble bon. La contrainte fera de l'homme un hypocrite, s'il est faible; un martyr, s'il est courageux. Faible ou courageux, il sentira l'injustice de la persécution, et il s'en indignera. Il est impie de vouloir imposer des lois à la conscience, règle universelle des actions. Il faut l'éclairer et non la contraindre. Les hommes qui se trompent sont à plaindre, jamais à punir. Si l'on peut arracher un cheveu à celui qui pense autrement que nous, on pourra disposer de sa tête, parce qu'il n'y a point de limites à l'injustice. *Dans un état intolérant, le prince n'est qu'un bourreau aux gages du prêtre.* S'il suffisait de publier une loi pour être en droit de sévir, il n'y aurait point de tyran... Si votre vérité me proscrit, mon erreur, que je prends pour la vérité, vous proscrira. »

N'avions-nous pas raison de dire qu'on retrouve, dans cette correspondance avec Mlle Voland, le Diderot que nous connaissons déjà et que nous aimons, avec sa riche nature, sa vive imagination, son enthousiasme ailé et ses illusions? N'y voit-on pas, à chaque page, sa bonté, son cœur droit, sa sensibilité débordante ?

Sainte-Beuve recommande aussi la correspondance de Diderot avec Mlle Jodin [1], jeune actrice, dont il connaissait la famille et dont il essaya de diriger la conduite et le talent par des conseils aussi attentifs que désintéressés.

C'est un « admirable petit cours de morale pratique, sensée et indulgente; c'est de la raison, de la décence, de l'honnêteté, je dirai presque de la vertu, à la portée d'une jolie actrice, bonne et franche personne, mais mobile, turbulente, amoureuse. A la place de Diderot, Horace lui-même n'aurait pas donné d'autres préceptes, des conseils mieux pris dans le réel, dans le possible, dans l'humanité; et certes il ne les eût pas assaisonnés de maximes plus saines, d'indications plus fines sur l'art du comédien. »

---

[1] Les lettres à Mlle Jodin, publiées pour la première fois en 1821, présageaient dignement celles à Mlle Volland dont nous venons de donner des extraits.

Dans ces lettres à une jeune actrice, Diderot ne se montre pas bien sévère. Il n'exige pas d'elle la pureté d'une vestale; il l'engage à bien choisir son amant, à lui rester fidèle, à n'en avoir jamais deux à la fois. Il lui donne sur son art et sur sa conduite à la ville les conseils les plus sages et les plus pratiques. « Mettez-vous, lui dit-il, en garde contre un ridicule qu'on prend imperceptiblement et dont il est impossible dans la suite de se défaire; c'est de garder, au sortir de la scène, je ne sais quel ton emphatique qui tient du rôle de princesse qu'on a fait. En déposant les habits de Mérope ou d'Alzire, accrochez à votre porte-manteau tout ce qui leur appartient. »

Diderot est tellement écrivain de génie et de nature qu'il n'écrit jamais mieux que dans ces entretiens improvisés : nous venons d'y voir le même feu, le même mouvement animé et coloré, que dans ses romans, *la Religieuse*, *Jacques le fataliste*, la même verve que dans son spirituel dialogue *le Neveu de Rameau* et dans ses jolis contes.

Avec sa rapide chaleur communicative, Diderot y traite légèrement toute une suite de sujets intéressants et variés. On voit, de plus, figurer dans ces lettres tout ce que la dernière moitié du xviii° siècle compta de personnages célèbres, de femmes aimables et d'hommes d'esprit :

Voltaire, Rousseau, Buffon, le président de Brosses, Helvétius, d'Holbach surtout et Grimm, Naigeon, Thomas, le spirituel petit abbé napolitain Galiani, Mme Riccoboni, Mme d'Houdetot si charmante et sa belle-sœur, Mme d'Épinay, la maîtresse de Grimm, qui, malgré l'humeur indépendante de Diderot et son éloignement instinctif du monde, l'avait apprivoisé chez elle et qui le goûtait si vivement : « Quatre lignes de cet homme, disait-elle, me font plus rêver et m'occupent plus qu'un ouvrage complet de nos prétendus beaux esprits. »

Si Bayle vivait, dit Naigeon, quel parti ce grand homme n'aurait-il point tiré d'une collection aussi riche et aussi variée. Combien ne lui aurait-elle pas fourni de ces extraits intéressants et instructifs tels qu'il les savait faire! Quel éclat ces extraits critiques et raisonnés, semés de réflexions fines, judicieuses et profondes, n'auraient-ils pas donné à la réputation de Diderot! Avec quel plaisir des extraits faits dans cet esprit n'auraient-ils pas été lus! Quels fruits les jeunes gens qui cultivent les lettres, et qui se plaisent à perfectionner par l'étude et la méditation leur goût et leur jugement, n'en auraient-ils pas recueillis ! et quelle estime n'auraient-ils pas conçue pour le savant critique qui, en leur faisant connaître, par une bonne analyse, le travail de Diderot, leur aurait appris à l'apprécier?

Un grand critique contemporain, le Bayle du xix° siècle, je veux dire Sainte-Beuve, a exprimé, dans le même esprit, les mêmes regrets. Ce serait, dit-il, « une trop longue mais bien agréable tâche de rechercher dans ces volumes et d'extraire tout ce qu'ils renferment d'idées et de sentiments relatifs à l'amour, à l'amitié, à la haute morale et à la profonde connaissance du cœur, au spiritualisme panthéistique, véritable doctrine de Diderot, à l'art, soit comme théorie, soit comme critique, soit enfin comme production et style. Car il y a de tout cela et à foison. »

Il aurait voulu rendre à Diderot le service de montrer non seulement la prodigieuse activité de son esprit, son immense savoir, et cette étonnante variété de connaissances, mais la supériorité contestée de ce génie vraiment universel. Car, quel que soit le génie d'un homme, quelque influence et quelque prestige qu'il ait exercés sur ses contemporains, il risque de n'être pas mis à son rang par la postérité quand il n'a pas pris soin de recueillir toute sa force et de concentrer tout son talent dans une œuvre unique et complète.

Diderot, en effet, « le critique profond et novateur qui a créé l'esthétique des beaux-arts et inventé le drame, est moins populaire que Le Batteux, Marmontel et La Harpe; le métaphysicien qui, dans ses lettres sur les aveugles et les sourds-muets, a frayé la route à Condillac et à tous les idéologues du xviii° siècle, obtient à peine une mention dans l'histoire de la philosophie, où tant d'esprits médiocres occupent une large place [1] ». La postérité négligente et pressée ne connaît plus que les chefs-d'œuvre. Elle ne se donne guère la peine de réunir ce qui est dispersé, de rassembler sous son regard et de voir, d'une seule vue, l'ensemble de la pensée et de l'œuvre d'un grand écrivain. C'est pourquoi il est de l'intérêt comme du devoir de tout homme, doué de grandes facultés, de les concentrer dans une œuvre en rapport avec les besoins généraux de son époque, et qui aide à la marche du progrès. « Quels que soient, dit Sainte-Beuve, ses goûts particuliers, ses caprices, son humeur de paresse ou ses fantaisies de

---

(1) E. Vacherot.

hors-d'œuvre, l'homme de génie doit à la société un monument public, sous peine de rejeter sa mission et de gaspiller sa destinée. »

Diderot n'a pas failli à ce devoir et à sa mission. Son monument existe, quoiqu'il n'apparaisse tout d'abord qu'en fragments. Mais, « comme un esprit unique et substantiel est empreint en tous les fragments épars, le lecteur qui lit Diderot comme il convient, avec sympathie, amour et admiration, recompose aisément ce qui est jeté dans un désordre apparent, reconstruit ce qui est inachevé, et finit par embrasser d'un coup d'œil l'œuvre du grand homme ».

CHAPITRE VI

CONCLUSION

De tous les écrivains du xviii° siècle, remarque avec raison M. Victor Fournel, Diderot est celui qui semble avoir le plus bénéficié aujourd'hui de la postérité.

Cet improvisateur extraordinaire et qui, plus d'une fois, toucha au génie, a maintenant, un siècle après sa mort, un cortège toujours grossissant d'admirateurs, qui recherchent et recueillent partout les moindres pages échappées à sa plume, réalisant, admirant et commentant ses œuvres. Du second plan il est passé au premier. Voltaire seul peut soutenir la concurrence avec la fortune croissante de Diderot.

Aujourd'hui, que reste-t-il de Diderot? se demandait Vinet. — Et il répond : Son nom seulement et un vague souvenir. Diderot fut mauvais économe d'une grande fortune intellectuelle, il a gaspillé sa richesse et n'a point laissé de monument.

C'est aussi la manière de voir de M. Vacherot; on a pu voir que ce n'est point la nôtre.

« Quel que soit, dit M. Vacherot, le génie d'un homme, quelque influence et quelque prestige qu'il ait exercés sur ses contemporains, s'il n'a pris soin de recueillir toute sa pensée et de concentrer tout son talent dans une œuvre complète, il ira se confondre, se perdre dans la foule des esprits d'un mérite secondaire : Diderot en est un frappant exemple. »

C'est le contraire qui est vrai, et je n'en veux pas d'autre preuve que la façon dont a été célébré son centenaire, à Paris et à Langres, le 29 juillet 1884, et les statues qui lui ont été élevées deux ans plus tard, l'une dans sa ville natale, due au ciseau de Bartholdi, l'autre à Paris, près de Saint-Germain des Prés, non loin de l'endroit où passait la rue Taranne, aujourd'hui disparue.

A l'occasion du centenaire, M. Henry Fouquier écrivait : « Quelque savant homme ayant appris à nos conseillers municipaux qu'il y a cent ans Denis Diderot était mort à Paris, il est résulté de cette confidence une statue et une cérémonie d'inauguration. »

Mais que diable voulez-vous que ces braves gens comprennent à la belle fleur humaine, toute parfumée des parfums de son joli siècle, que fut Diderot ? Déjà Robespierre, qui fut un imbécile, mais un imbécile de haute taille et de la grande espèce, n'y comprenait rien !

Diderot n'était point un sectaire. Il a combattu toute sa vie pour faire accepter cette idée que la morale n'était pas fixe, qu'elle variait selon les temps, les pays, les tempéraments même. Cette opinion est la mère d'une large tolérance.

Le banquet vraiment digne de sa grande mémoire est un banquet où il faudrait inviter trop de gens qui ne fréquentent pas les uns chez les autres. Il y faudrait des philosophes et des historiens. Des romanciers et des poètes, des conteurs grivois et des pamphlétaires enflammés, des peintres, des savants, des musiciens, des auteurs dramatiques, des rois et des bohèmes, des cabotins et des ouvriers, et les dames y seraient admises. Car tous ces gens ont eu affaire à Diderot, et Diderot a eu affaire à eux.

Génie inégal, au-dessous de Voltaire, il est, plus que lui, l'homme complet du XVIIIᵉ siècle, et du nôtre aussi et de tous les temps, par cette qualité qui fait les artistes vrais, une sensibilité que rien n'altérait. Avant que son esprit s'ouvrît, son cœur s'émouvait. Ce fut le grand passionné de son époque...

On dit Rousseau « inventeur de la démocratie ». Elle est jolie, la démocratie de Rousseau, et le *Contrat social* appliqué nous donnerait bien de l'agrément. *Le grand démocrate du siècle passé, c'est Diderot.* Il l'est par sa naissance, fils d'un ouvrier; il l'est par son amour du peuple, pour qui il rêva l'instruction professionnelle, depuis réalisée : il l'est, par-dessus tout, par son caractère, dépourvu d'envie. Et l'envie, dont Rousseau jongla son véritable génie d'écrivain, est le vice ordinaire des prétendus démocrates, qui, par elle, ne sont plus que des aristocrates retournés. Quiconque envie un homme, un pouvoir, un privilège, une caste, est incapable de lutter contre eux, sans perdre, dans la lutte, la notion supérieure de la justice. La Terreur a été abominable et stupide, parce qu'elle a été déchaînée par l'envie. Et c'est l'envie, encore aujourd'hui, qui, dans certains cerveaux, se refuse à accepter la hiérarchie sociale, quand la véritable démocratie consiste seulement à rendre le bonheur accessible à tous les efforts humains.

Diderot n'avait pas d'envie.

Le 13 juillet 1886, à l'inauguration de la statue

de Diderot, Büchner, l'apôtre du matérialisme, prononça un discours où il résumait ainsi le rôle de Diderot :

« Diderot n'est pas seulement une des gloires de la France : il est revendiqué par tous les amis de la science libre et de la libre-pensée, quelle que soit leur langue, quel que soit leur pays.

« Diderot est le cosmopolite de la science et de la libre-pensée; c'est pour le monde entier qu'il a écrit et qu'il a vécu! De son vivant, on l'admirait autant sur les rives de la Néva que sur celles de la Seine.

« Les larges théories, les vues générales de Diderot ont été sanctionnées par la science. La grande doctrine de l'évolution, dont il avait le pressentiment, a été fondée par Lamarck et Darwin.

« La vérité est cosmopolite, comme son illustre défenseur Diderot; elle n'est ni française, ni allemande, ni russe, ni italienne : elle est la vérité, identique pour qui peut la comprendre et la découvrir. Non pas, certes, que la recherche du vrai soit une facile besogne! « La « vérité, comme l'a dit notre grand philosophe « Schopenhauer, n'est pas une courtisane sau- « tant au cou de qui la dédaigne, c'est une belle

« si fière que même celui qui sacrifie tout ne
« peut être sûr de la posséder. »

« Dans un ouvrage remarquable sur la vie et les œuvres de Diderot, le professeur Rosenkranz nous a enseigné à admirer en Diderot à la fois les qualités germaniques et les qualités françaises.

« Aujourd'hui encore, comme au temps de Diderot, la superstition captive le grand nombre; la multitude s'incline encore devant les autels; seule une minorité, toujours grossissante, suit les traces des Diderot, Voltaire, Meslier, d'Holbach, Helvétius, Pagne, des Feuerbach, Strauss, Darwin, Draper, Hœckel, et de tant d'autres héros de la science et de la libre pensée.

« Dans cette grande République intellectuelle, tous les hommes de bonne volonté sont frères, car tous ils visent au même but : l'affranchissement du genre humain de ces funestes erreurs qui l'ont tourmenté si longtemps et qui le tourmentent encore; l'affranchissement des esprits aussi bien que des corps.

« Au fond, les rapports entre les peuples ne diffèrent pas des rapports entre les individus. Le devoir est de s'unir étroitement pour travailler ensemble à accroître le bonheur et le savoir commun. Il faut que la fameuse « lutte pour la vie, » si à la mode depuis Darwin, cesse d'être une lutte entre les individus, entre les nations, pour devenir un combat commun de tous les hommes contre les fléaux communs, contre les calamités sociales, contre le vice et contre la faim.

« Il faut croire à la science, à la philosophie expérimentale et aux espérances de ceux qui veulent faire le genre humain plus heureux, plus noble et plus vertueux qu'il ne l'est à présent. C'est ainsi que la libre-pensée atteindra le plus grand but de l'avenir et de l'humanité, c'est-à-dire liberté, instruction et bien-être pour tous. »

Maintenant c'est la pleine gloire.

Au moment de la querelle entre Jean-Jacques et Diderot, qui fit tant de bruit au XVIII° siècle, le maréchal de Castries, étonné que les salons s'occupassent de ces gratte-papiers, disait, s'il faut en croire Chamfort : « Mon Dieu, partout où je vais, je n'entends parler que de ce Rousseau et de ce Diderot ! Conçoit-on cela ? Des gens de rien, qui n'ont pas de maison, qui sont logés à un troisième étage ! En vérité, on ne peut se faire à ces choses-là. »

Le maréchal se « fût-il fait » non seulement à la réputation, mais à la statue de Diderot ?

Conçoit-on cela? Un homme qui n'a rempli aucune fonction, qui a vécu devant son pupitre et parmi ses in-octavo, un homme qui n'a exercé d'autre magistrature que celle du génie, qui n'a accepté d'autre ambassade que celle de l'esprit français, un pauvre diable de petit bourgeois vivant d'habitude avec des barbouilleurs de toiles et préférant à l'hospitalité d'une tzarine la promenade accoutumée, sur les cinq heures du soir, au Palais-Royal, et, « qu'il fasse beau, qu'il fasse laid, » un peu de rêverie sur le banc d'Argenson ! Un homme qui n'a jamais fait autre chose que de griffonner du papier et envoyer par la petite poste des madrigaux à Mlle Voland ! Un tel homme avoir sa statue ! Que dis-je, une statue ? Deux statues ! L'une à Paris et l'autre à Langres ! En quel temps vivons-nous ? Et voilà l'heure venue où le bronze va consentir à éterniser les traits des gens de lettres !

Ame bien française, celle-là. Ennemie de la haine comme elle fut ennemie du faste et de la pompe. « Ne me faites pas mon portrait des dimanches, disait-il à Greuze, faites-moi mon portrait de tous les jours. » Eh bien ! c'est un centenaire des dimanches qu'on a jusqu'ici fait à Diderot. C'était un Diderot militant, irrité et violent qu'il s'agissait de montrer aux populations qui ne l'ont pas lu. On a parlé de ses luttes, de son courage, de sa liberté de pensée ; on n'a parlé ni de sa bonté, ni de son cœur, ni de son talent.

Mais la meilleure manière d'honorer les écrivain de génie, c'est de répandre leurs idées et de faire connaître leurs œuvres. On a donc réuni en un seul volume, comme on avait fait pour Voltaire six ans plus tôt, les écrits les plus étincelants et les pensées les plus profondes du grand encyclopédiste. Rien désormais ne manquera à sa gloire, pas même les insultes des éternels ennemis de tout progrès [1].

En revanche, les plus illustres écrivains l'ont célébré à l'envi. Pour nous, nous avons essayé d'être pour Diderot le lecteur attentif et sympathique que réclamaient Naigeon et Sainte-Beuve. Nous avons tenté de faire connaître ses idées philosophiques, psychologiques, esthétiques, morales et politiques, de montrer ce qu'il fut comme homme, comme philosophe, écrivain, critique littéraire, critique d'art, auteur dramatique, romancier, conteur, réformateur politique et social. Nous avons essayé de rassembler

---

(1) En pleine Sorbonne, un professeur de littérature, M. Crouslé, a proclamé un jour que le succès de Diderot tenait uniquement à ses productions « ordurières ».

et de grouper des citations trop rares et trop courtes, qui permettent cependant d'apprécier la raison lumineuse du métaphysicien, la finesse et la profondeur du critique, la grâce du conteur, la précision du savant, l'éloquence naturelle et charmante du conteur épistolaire. Nous serions heureux d'avoir réussi à faire comprendre l'auteur de tant d'écrits pleins de verve, l'écrivain étincelant et pétillant d'idées, le penseur aux vues originales et profondes ; et plus heureux encore d'avoir su réunir tous les traits de cette « figure forte, bienveillante et hardie, colorée par le sourire, abstraite par le front, aux vastes tempes, au cœur chaud, *la plus allemande des têtes françaises*[1], et dans laquelle, a dit Sainte-Beuve, il entre du Gœthe, du Kant et du Schiller tout ensemble. »

Ayons le culte de nos grands hommes. Imitons leur exemple. Honorons leur mémoire. — On parlait beaucoup, en 1865, de la statue de Voltaire. Grâce à l'initiative du journal *le Siècle*, et par souscription nationale, elle est faite et placée près du collège de France, au quartier des Écoles. A la même date, on s'occupait à Langres d'en élever une à Diderot. Mais pour-

---

(1) Expression de Gœthe.

quoi à Langres? disait Sainte-Beuve. *Diderot appartient à la France.* « La vraie place d'une statue de Diderot est à Paris, au seuil et près du péristyle du palais des Beaux-Arts. On y verrait le grand et chaleureux amateur qui, le premier, a fondé la critique d'art en France, dans le négligé flottant de son costume, le cou nu, le front inspiré et annonçant du geste cette conquête nouvelle que l'imagination et la science du critique sauront se faire dans le monde de l'art. »

FIN

APPENDICE BIBLIOGRAPHIQUE

Œuvres complètes de Diderot. Paris (1875-1877). 20 vol., édition commencée par J. Assézat, terminée par M. Maurice Tourneux.

Dans la bibliothèque de Diderot, achetée par l'Impératrice et qui fut transportée en 1784 au palais de l'Ermitage à Saint-Pétersbourg, se trouvaient trente-deux volumes de manuscrits, presque entièrement de sa main.

De ces trente-deux volumes, six étaient entièrement inédits : la *Réfutation* de l'ouvrage d'Helvétius, intitulé *l'Homme*; un traité intitulé : *Éléments de physiologie*; le *Plan d'une université pour le gouvernement de Russie*; une *Lettre sur le commerce de la librairie*; des fragments concernant la psychologie, la morale, la logique, le gouvernement, entre autres un *Discours d'un philosophe à un roi*; des analyses littéraires, des plans de pièces de théâtre, des canevas d'ouvrages de tout genre en préparation.

Les deux morceaux les plus considérables sont les *Éléments de physiologie*, qui placent Diderot avant Lamarck parmi les précurseurs du transformisme ; et la *Réfutation* de l'*Homme* d'Helvétius.

L'édition de 1875 renferme une grande quantité

d'œuvres inédites, et il est à présumer qu'on en découvrira encore d'autres.

Le *Neveu de Rameau* a été publié en 1823.
Le *Paradoxe sur le comédien*, en 1830.
La Religieuse, en 1796.
Jacques le fataliste, en 1796.
Ceci n'est pas un conte, 1798.
L'Oiseau blanc, en 1788, etc.

OUVRAGES A CONSULTER SUR DIDEROT

Mémoires de Mme de Vandeul, sa fille.
Mémoires historiques et philosophiques de Naigeon.
Études sur la philosophie du XVIIIe siècle, par Bersot.
Diderot, par K. Rosenkranz.
Philosophie positive, par A. Comte.
Portraits littéraires et *Causeries du lundi*, par Sainte-Beuve.
Essais de Carlyle.
Diderot et les Encyclopédistes, par John Morley.
Diderot et la société du baron d'Holbach, par Avezac-Lavigne.
La fin du XVIIIe siècle, par Caro.
L'Ancien régime, par H. Taine.
Étude sur Diderot, par Scherer.
Diderot, l'homme et l'écrivain, par Louis Ducros.
Études sur le XVIIIe siècle, par Émile Faguet.
Essais critiques, par F. Brunetière.
Étude, par M. Pierre Laffite (Revue occidentale).
Étude, par MM. Assézat et Maurice Tourneux (édition des œuvres complètes).
Histoires littéraires de Villemain, Nisard, Paul Albert.

TABLE DES MATIÈRES

INTRODUCTION
LA PHILOSOPHIE DU XVIII° SIÈCLE   v

CHAPITRE PREMIER
VIE DE DIDEROT; SES GOUTS, SON CARACTÈRE, SON ROLE AU XVIII° SIÈCLE   1

CHAPITRE II
L'ENCYCLOPÉDIE   105

CHAPITRE III
DIDEROT ÉCRIVAIN

I. Les contes et les romans. — II. Ses idées sur l'Art : les Salons. — III. Ses idées sur l'art dramatique. Le *Père de Famille* et le *Fils naturel*. 129

CHAPITRE IV
DIDEROT PHILOSOPHE

I. Ses idées sur Dieu, l'âme et le monde. — II. Sa morale. — III. Ses idées morales et sociales. 175

CHAPITRE V
SA CORRESPONDANCE — 253

CHAPITRE VI
CONCLUSION — 287

APPENDICE BIBLIOGRAPHIQUE — 299

ÉVREUX, IMPRIMERIE DE CHARLES HÉRISSEY.

www.ingramcontent.com/pod-product-compliance
Lightning Source LLC
Chambersburg PA
CBHW060415170426
43199CB00013B/2142